中国文化知识文库

起义与农民运动

徐　潜＼主　编

张　克　崔博华＼副主编

孙闻铎　吴　迪＼编　著

吉林出版集团·吉林文史出版社

图书在版编目（CIP）数据

起义与农民运动／徐潜主编．—长春：吉林文史出版社，2013.3（2025.9重印）

ISBN 978-7-5472-1480-0

Ⅰ.①起…　Ⅱ.①徐…　Ⅲ.①农民起义–中国–通俗读物　②农民运动–中国–通俗读物　Ⅳ.①K201-49　②D422-49

中国版本图书馆 CIP 数据核字（2013）第 062790 号

起义与农民运动
QIYI YU NONGMIN YUNDONG

主　　编　徐　潜
副主编　张　克　崔博华
责任编辑　张雅婷
装帧设计　映象视觉
出版发行　吉林文史出版社有限责任公司
地　　址　长春市福祉大路 5788 号
印　　刷　唐山富达印务有限公司
版　　次　2013 年 3 月第 1 版
印　　次　2025 年 9 月第 5 次印刷
开　　本　720mm×1000mm　1/16
印　　张　10.25
字　　数　250 千
书　　号　ISBN 978-7-5472-1480-0
定　　价　68.00 元

序　言

　　民族的复兴离不开文化的繁荣,文化的繁荣离不开对既有文化传统的继承和普及。这套《中国文化知识文库》就是基于对中国文化传统的继承和普及而策划的。我们想通过这套图书把具有悠久历史和灿烂辉煌的中国文化展示出来，让具有初中以上文化水平的读者能够全面深入地了解中国的历史和文化，为我们今天振兴民族文化，创新当代文明树立自信心和责任感。

　　其实，中国文化与世界其他各民族的文化一样，都是一个庞大而复杂的"综合体"，是一种长期积淀的文明结晶。就像手心和手背一样，我们今天想要的和不想要的都交融在一起。我们想通过这套书，把那些文化中的闪光点凸现出来，为今天的社会主义精神文明建设提供有价值的营养。做好对传统文化的扬弃是每一个发展中的民族首先要正视的一个课题，我们希望这套文库能在这方面有所作为。

　　在这套以知识点为话题的图书中，我们力争做到图文并茂，介绍全面，语言通俗，雅俗共赏。让它可读、可赏、可藏、可赠。吉林文史出版社做书的准则是"使人崇高，使人聪明"，这也是我们做这套书所遵循的。做得不足之处，也请读者批评指正。

编　者

2012 年 12 月

目 录

赤眉绿林起义

中国古代的叛乱起义众多，从古到今，这些起义和叛乱无不影响着中国历史的变迁和朝代的更迭。它们就像化学反应中的催化剂，使得中国历史呈现了多姿多彩的形态。而在这些重大的历史变动中，赤眉绿林起义是影响深远的一次农民起义，它发生在新莽末年，其中的起义军多是贫苦的农民，后来成为光武中兴的源头。

一、时代背景

（一）王莽篡位

王莽字巨君，出生于魏郡元城王氏家族，是元帝皇后王政君弟弟王曼的儿子。成帝时，王莽的祖父王禁和伯父王凤、叔父王谭、王崇、王商、王立、王根、王逢时等人均封侯，只有王曼因为早死，没有被封侯。

王莽的同族兄弟依仗权势，行为奢侈，横行不法。王莽自幼节俭，没有堂兄弟的那种习气。他努力学习，曾以名儒沛郡陈参为师研习《礼经》。他对母亲恪尽孝道，对寡嫂孤侄尽心照料。在地位尊显的叔伯父面前，他礼貌有加，颇能得到他们的欢心。伯父王凤病重之时，他更是亲自煎汤尝药，一个多月衣不解带。王凤深为他的孝行感动，临死前再三嘱咐成帝和妹妹王政君，一定要好好关照王莽。王莽因此被征为黄门郎，开始了他的仕宦生涯。

王莽多方争取人心，赢得了很高的声誉，任黄门郎不久，即升为射声校尉。当时的名士戴崇、金涉、陈汤等人不断在成帝面前称赞王莽。于是成帝在永始元年（公元前 16 年）封王莽为新都侯，官职升迁为骑都尉光禄大夫侍中。职位越高，王莽越是严于律己，谦恭待士，常用自己的车马衣服赈济宾客，弄得家中没有余钱。朝野人士都为他的行为所感动，争相为他作宣传。他的声望越来越高，连叔父们也自叹不如了。

王莽在政治斗争中很有权谋。他的姑表兄淳于长发迹较早，官居九卿，地位和权势均在他之上，又深受成帝和元后宠信。王莽认定这是一个必须除掉的竞争对手。他不动声色，暗地里搜集淳于长的过失，待到积累了足以置其于死地的罪状后，通过叔父王根，上奏成帝。淳于长被诛身死。王莽此举既除掉了威胁自己地位的对手，又获取了忠于职守、不徇私情的名声。此后，辅政的王根请求退休，推荐王莽代替自己。38 岁的王莽于绥和元年（公元前 8 年）拜大司马、大将军，成为王凤、王音、王商、王根诸叔伯之后王氏家族的第五位辅政者。

王莽辅政一年，成帝去世。

哀帝即位后重用自己的外家傅氏和丁氏家族。王莽在政治上暂时受挫，被罢免家居。但他并不甘于失败，随时在等待时机，重握权柄。在野期间，他抓住一切机会，扩大自己的影响。三年间有上百名官员上书为他鸣冤叫屈。哀帝寿命不长，执政六年后即病死。王政君以元帝皇后的身份出

面收拾残局，她于哀帝死去的当日就驾临未央宫，收取了象征权力的传国玉玺，遣使者急速召王莽传国玉玺，遣使者急速召王莽进宫，下诏把军政大权全都交付于王莽。王莽掌权后马上罢免了辅政的哀帝宠臣董贤，迫使他自杀，自己则取而代之，重居大司马之位。哀帝无子嗣，他与王太后商议立了9岁的中山王刘衎做皇帝，由王太后临朝称制，实权则由王莽执掌。有了上次失败的教训后，王莽重握权柄伊始，就开始打击异己，培植亲信。为避免与王太后争权，他废掉了成帝赵皇后和哀帝傅皇后，迫使她们自杀。"诸哀帝外戚及大臣居位素所不悦者，莽皆傅致其罪……于是前将军何武、后将军公孙禄坐互相举免，丁、傅及董贤亲属皆免官爵，徙远方"。就连已免官家居的自己叔叔王立，也恐怕他得到太后信任，妨碍自己的行动，而用冠冕堂皇的理由，把他放逐到封国之中。经过一番经营，"于是附顺者拔擢，忤恨者诛灭。王舜、王邑为腹心，甄丰、甄邯主击断，平晏领机事，刘歆典文章，孙建为爪牙"。另外，"丰子寻、歆子棻，涿郡崔发、南阳陈崇皆以才能幸于莽"。在建立起盘根错节的统治网络后，王莽开始了向权力最高峰的进军。

王莽自幼熟读儒家典籍，他有意模拟周公辅佐成王的故事。相传周公摄政，曾感动得越裳氏千里迢迢来献白雉。王莽示意塞外的少数民族也自称越裳氏来献白雉。因此，王莽的党羽就宣扬，这是他德政所招致的符瑞，与周公摄政致白雉之瑞有千载同符之效，从而把王莽推上了安汉公的宝座。

为了巩固地位，王莽又让自己的女儿选为皇后。按照古礼，后父应有百里封地。王莽之女既立为后，就有人请求以新野田地二万五千余顷益封王莽，以达百里之数。王莽假作推辞。这一下，据说感动得天下吏民近五十万人上书，要求加赏王莽。在有计划的舆论制造下，王莽成了一代圣人。于是，王莽的得

力干将王舜等人建议把古时伊尹的阿衡和周公的太宰称号合并为宰衡，作为王莽的称号，以表示王莽兼有这两位圣贤的功德。元始四年（公元4年），王太后下诏宣封王莽为宰衡，其母赐号功显君，二子封列侯。王莽的政治地位又进一步上升了。

元帝以来，兴复儒家典章制度成为习尚。王莽为点缀文治，粉饰升平，于元始四年按照书中记载的古代礼治模式建立起明堂、辟雍、灵台，并网罗天下学者异能之士居于长安，讲论儒家经典，造成一派王道复归、制度隆盛的气象。一帮御用文人因此又大肆颂扬王莽的功德，提出用古书中所载"加九锡"的办法来显示这位当代周公的荣耀。所谓九锡就是在服饰、车马、仪卫诸方面都采用与帝王相仿的标准，以示地位仅次于帝王，高出诸侯王之上。这一建议，得到王太后批准。于是王莽的威权、气派都已经侔于人主了。

在西汉晚期天人感应学说盛行之时，王莽深知只有上得天佑、下得民心的符瑞出现，才能给自己的执政找到合理的依据。于是在他辅政的五年之间出现了很多瑞兆，龙、麟、凤、嘉禾、甘露、醴泉等祯祥瑞异多得数不清。王莽还示意周边少数民族各自献上瑞物以示悦德归服之意。他又派出陈崇等十二个使者巡行天下以察风俗，之后，他们带回了三万余言赞颂王莽功德的谣谚。在所谓天命人心都倾向于王莽的情况下，已长到14岁的平帝就不能不于公元5年驾崩了。为了不至于给篡权造成影响，王莽选了一个两岁的皇室婴儿做皇位的继承人。

王莽篡位的野心愈加明显，党羽们为把他推上权力顶峰又紧张地忙碌起来。他们假造一块白色石头，说是汲井时所得，上边写着红字："告安汉公王莽为皇帝。"这些红字当然是天意了，王莽怎敢违抗，于是马上让王舜到王太后那里，表示支持王莽登基为帝。公元6年，王莽做了假皇帝，年号居摄。

对于王莽的所作所为，自然有一些汉家宗室和忠于汉室的人起来反对。居摄元年，汉家宗室安众侯刘崇与其相张绍在南阳起兵讨伐王莽。次年，东郡太守翟义又兴兵讨莽，槐里男子赵朋、霍鸿等人起而响应，队伍发展到十几万人。王莽费了很大力气才把翟义等人镇压下去。

在灭了翟义后，王莽加紧了篡窃的步伐。就在这个时候，梓潼文

人哀章作了个铜匮，匮里的两个书签上分别署着"天帝行玺金匮图""赤帝行玺某传予黄帝金策书"。这里的某就是汉高祖刘邦，意谓刘邦顺应天命，要把江山让于王莽。书签内写明，王莽应当做真皇帝，王舜、平晏、刘歆等为王莽篡汉立下汗马功劳的大臣及哀章自己和王兴、王盛等十一个人是王莽的辅佐。哀章在黄昏时分，穿着黄色的衣服，献上了这个精心制造的宝贝。王莽得知后，大喜。

第二天一大早，就戴上皇冠去见王太后，向她宣布："我不能不顺从天意去做真皇帝了，现在我已决定改国号为新，从十二月朔癸酉这一天起，天下就是新朝的了。"到了即位这天，王莽哭哭啼啼地把小皇帝拉下宝座，自己登上了垂涎已久的帝位。

王莽利用汉政权腐败衰朽，失去人心之机，用虚伪狡诈的手段捞取政治资本，欺骗天下吏民，实现了做帝王的梦想。王莽的统治没有使社会衰微破败的局面有所改善，相反却把政治经济秩序搞得更加混乱。当初对他寄予厚望的善良民众不会想到，正是这个"再世周公"，把他们推入了更深的苦海。

（二）托古改制

为了解决西汉社会遗留下来的各种矛盾，篡权的外戚王莽附会《周礼》托古改制，进行了社会各方面的经济改革。

在政治制度方面，王莽把中央和地方的官名、官制、郡县名和行政区划都加以改变，还恢复五等爵，滥加封赏。官吏俸禄无着，便想方设法扰民。王莽篡汉后，试图按照古籍中所记各种制度，改变汉制，以为这样可使天下大治。经济改制是王莽改制的重点，他用复井田的办法来解决土地问题。始建国元年（公元9年），他发布了实行王田的诏书，诏书中论述了秦汉时期土地政策的不当以及由此引发的一系列严重问题。诏书说："秦为无道、厚赋税以自供奉、罢民力以极欲，坏圣制，废井田，是以兼并起，贪鄙生，强者规田以千数，弱者曾无立锥之居。又置奴婢之市与牛马同栏，制于民臣，专断其命。奸虐之人

赤眉绿林起义

因缘为利，至略卖人妻子，逆天心，悖人伦，缪于'天地之性人为贵'之义……汉氏减轻田租，三十而税一，常有更赋，罢癃咸出，而豪民侵陵，分田劫假。厥名三十税一，实什税五也。父子夫妇终年耕耘，所得不足以自存。故富者犬马余菽粟，骄而为邪；贫者不厌糟糠，穷而为奸。俱陷于辜，刑用不错。"诏书指出，这些都是背离了"古者，设庐井八家，一夫一妇田百亩，什一而税，则国强民富而颂声作"的美好制度的结果。诏书宣布："今更名天下田曰'王田'，奴婢曰'私属'，皆不得买卖，其男口不盈八，而田过一井者，分余田予九族邻里乡党。故无田，今当受田者，如制度。"

王莽在经济上另一重要改制是实行一套新的工商财政管理办法，即"五均""赊贷""六筦"。

西汉一代商业的发达，对生产的发展、经济的繁荣、社会的进步都起过积极的作用。但是商人势力的发展也会产生与官府争利和居间盘剥农民及小手工业者的弊病。在社会衰败，政府财政困难，民众又无力承受商品在流通过程中的过分增值之时，这种弊病表现得尤为明显。面对残破的社会经济，王莽在刘歆等人的建议下，实行国家的工商统制政策。他于始建国二年（公元10年）命令在商业比较发达的长安以及洛阳、邯郸、临淄、宛、成都等五大城市设立五均官，由他们对商品经营和物价进行管理。五均官的职责是：一、用成本价格收购滞销的五谷、布帛、丝绵等日用商品，保护生产者不受损失。二、各市在每季度中月根据质量对商品定出上、中、下三种标准价格。如果商人售货超出市平均价格，就以平价强制抛售。如果物价低廉，则听其买卖，以防止囤积居奇，牟取暴利。五均官还负责农民、小生产者的赊贷事务。百姓急需生活用钱，可借与工商之税；定期偿还，不取利息。百姓如果借款兴办产业，收取一成以下的利息。这就是"五均""赊贷"。王莽又采纳鲁匡的建议，实行"六筦"，即由国家对酒、盐、铁、名山大泽、五均赊贷以及铁布铜冶等工商事业实行统一管理。对于六筦的意义，王莽是这样阐述的："夫盐，食肴之将；酒，百药之长，嘉会之好；铁，田农之本；名山大泽，饶衍之臧；五均赊贷，百姓所取平，卬以取澹；铁布铜冶，通行有无，备民用也。此六者，非编户齐民所能家作，必卬于市，虽贵数倍，不得不买。豪民富贾，即要贫弱。先圣知其然也，故幹之。"为了保证这一措施顺利施行，他"设科条防禁，犯者罪至死"。王莽的改制，由于违背经济规律，脱离社会实际，以及商人、地主、官吏的联合破坏等原因而彻底失败。

在封建社会里试图恢复古代土地公有的井田制度，是十足的梦想。在土地兼并已成为不可扭转的历史趋势之时，王莽想从大土地占有者手中收回土地，无异虎口拔牙。"王田令"在实施中受到顽强的抵制。由地主阶级成员构成，又为地主阶级服务的官府也无法把这一法令真正贯彻下去。结果是大地主纷纷采取各种对策，各级官吏又乘机大谋私利，致使原来就很严重的土地问题陷入更混乱的状态。无地农民根本得不到应有的土地，反而在土地公私倒手的乱局中弄得两手空空，衣食无着。中郎区博看出这一政策实在无法实行，上疏劝谏王莽说："井田虽圣王法，其废久矣。周道既衰，而民不从。秦知顺民之心，可以获大利也，故灭庐井而置阡陌，遂王诸夏，迄今海内未厌其敝。今欲违民心，追复千载绝迹，虽尧舜复起，而无百年之渐，弗能行也。天下初定，万民

新附，诚未可施行。"在天下汹汹，民怨沸腾的现实面前，王莽只得下诏："诸名食王田，皆得卖之，勿拘以法。犯私买卖庶人者，且一切勿治。"宣告了王田法的破产。

对于税收、物价以及工商事业进行统一管理，这种设想不应简单否定。但在腐败的社会中，执法的官吏本身就是贪污中饱的社会蠹虫，根本无法想象他们会忠于职守，为民造福。更失策的是，王莽在无任何有效手段进行监督的情况下，竟效法汉武帝以富商大贾为兴利之臣的做法，起用姓伟、张长叔、薛子仲等老奸巨猾之人主持五均六筦之事，这等于授予了他们鱼肉百姓的合法权利。他们和地方官相勾结，"乘传求利，交错天下"。利用经济特权谋取更大的私利，把五均六筦作为盘剥百姓的科条，以各种手段敲诈勒索百姓。这些本意是通过限制大工商业者使国家与百姓获利的措施，反倒成了摧残与勒索人民的酷政，造成了"百姓愈困""众庶各不安生"的严重后果。

而在王莽改制中最愚蠢的，就是他对于币制的改革。王莽在即位前后曾经数次改变货币的形式，弄得多种货币混杂不清。最混乱的时候一次规定货币种

赤眉绿林起义

类达五物、六名、二十八品之多。五物即金、银、铜、龟、贝五种币材；六名是金、银、龟、贝、钱、布六种货币的名称，而这六种货币又按币值分出钱币五品、布币十品共二十八品。他随心所欲地频繁更换，使币值无法固定、币种比价不合理，因此每一次币制改变亦都增加社会经济的紊乱。当时民间习惯使用通行已久的五铢钱，私下里往往把名目繁多、无法记清的新市放置一边，仍用五铢钱交易。王莽得知后，严格规定："敢非井田挟五铢钱者为惑众，投诸四裔以御魑魅。"

王莽勇于改革创新，却又十分固执。他执行经济政策有难以动摇的决心。对于违抗者，他规定了严厉的制裁办法。他的法令根本不合理，却又异常严厉苛刻，"于是农商失业，食货俱废，民涕泣于市道。坐买卖田宅奴婢铸钱抵罪者，自公卿大夫至庶人，不可称数"。后来眼见以此罹刑者实在太多，王莽不得不减轻处罚办法。可是触刑的人仍有增无减，地方上按照新的刑法把十余万犯人用槛车铁锁押解到长安来做苦工，因不堪忍受虐待而死于非命者多达半数以上。

王莽建立新朝后，根据《周礼》的记载，不仅对官府的各个机构进行了一系列调整，还把官职名称都改成了经典上有记载的名字。为了全盘恢复周代典章制度，他以《周礼》为依据，不惜费时费力重新调整规划地方行政区域，同时更改郡县及长官的名称。他天真地认为这样一来，周政就可以重现，其文、武之业也能安然成就了。谁知事与愿违，这样的结果只能将朝廷和地方的行政制度搞得一塌糊涂，此外毫无裨益。朝廷组织机构的变化和郡县的一再分割，又使得官员的数量大大增加，行政效率更为降低。频繁更改的地名也在实际生活中造成了混乱，人们根本无法记住朝令夕改的地名，就连政府公告也不得不在新地名上加注原来的地名。这样的行政制度变革，除了烦政扰民之外，没有产生任何的积极作用。没有从王莽托古改制中看到周代王政复归的百姓，看到的只是地方官走马灯似的更换和郡县

地域变戏法似的来回拼拆。

为了显示新朝在统治规模上远远超过之前历代王朝，王莽下令把对四方少数民族首领原来封的诸王称号一律改称为侯。他还派出五威将王奇等人兵分五路出发，向周边各地方政权宣讲新朝得天下的诸种符命，以及他执政的威德。"五威将乘乾文车，驾坤六马，背负鸟之毛，服饰甚伟"，浩浩荡荡地向边境进发。他们傲慢的态度引起了边疆民众的不满及抵触。贬低封号和用阴谋手段调换少数民族政权首领印绶的做法，激起了匈奴、西域、辽东各地方政权的反抗。这就使西汉皇朝及周边各族用长久努力才换来的和睦关系很快恶化。面对少数民族的不满，狂妄自大的王莽采取的强硬压服手段，更加激起了旷日持久的民族战争。他派孙建等十二员大将，十道并出征伐匈奴。并遣严尤征高句丽、秽貉，派冯茂击句町及其他西南民族，派王骏击西域。征伐句町政权的战争，前后进行数年，士兵死伤上万人，消耗粮谷军费不计其数。对匈奴的战争更造成了天下虚耗的严重后果。他派出由丁男、甲卒以及囚徒组成的三十万大军远征匈奴，命令各郡筹措运送粮食、军械等物资。各郡每年运往西北前线的钱谷都达百万以上。战争吞噬掉无数人的生命，消耗了无穷的国家财富。更有不法将士借战争之机敲诈欺凌百姓。

王莽的新政搞得天下骚动，引起社会混乱，四邻不安，民不聊生，国无宁日。在他的新政下，"民摇手触禁，不得耕桑，徭役烦剧，而枯旱蝗虫相因。又因制作未定，上自公侯，下至小吏，皆不得俸禄，而私赋敛，货赂上流，狱讼不决。吏用苛暴立威，旁缘莽禁，侵刻小民。富者不得自保，贫者无以自存，起为盗贼。依阻山泽，吏不能禽而覆蔽之，浸淫日广。于是青、徐、荆楚之地往往万数。战斗死亡，缘边四夷所系虏，陷罪，饥疫，人相食。及莽未诛，而天下户口减半矣"。在衰败的西汉政权中对王莽抱有很大期望的天下民众彻底失望了，促使农民起义和西汉宗室旧臣反对新朝的斗争不断发生。他们在走投无路的情况下别无选择，只有用武装斗争来争取自己的生存权利。而从此以后，各地的起义军便开始了推翻王莽政权的征程。

二、赤眉绿林起义兴起

　　由于外戚王莽篡权上台后实行的一系列不成功的改革，导致了西汉末年社会的动荡不安，终于引起了累积已久的社会矛盾的全面爆发。而在当时外交关系的处理上，王莽也表现出了浓郁的书呆子气。公元九年，新莽政权同匈奴等多个少数民族爆发冲突，而起因恰恰就是王莽强行规定将这些原本地位相当于"诸侯王"的各少数民族部落首领降级为"侯"。公元10年，王莽愈加突发奇想，变本加厉，想要将匈奴单于改名为"降奴服于"，这样一来，不但在口头上占尽对方便宜，还要变本加厉发兵三十几万征讨匈奴。而在东北地区，新莽政权还诱降并杀害了高句丽侯，并将其国名改为"下句丽"。一时之间，王莽新朝便在东西南北四面开火，这样的状况持续了近十年之久后，使得新莽政权下的社会经济由于王莽的屯兵四境，再加上连年的征战不休而处于濒临崩溃的状态。明清之际大思想家王夫之曾对这一阶段有过如此评价，"莽之招乱，自伐匈奴始，欺天罔人，而疲敝中国，祸必于此而发。"而这样的局面又同当时秦朝末年岌岌可危的局势如出一辙，社会矛盾一触即发，形势异常危急。

　　公元14年，"沿边大饥，人相食"。当灾荒和疾疫迅速由边境向中原内地蔓延时，王莽还在倾尽全力醉心于其源自《周礼》大同世界的建设之中，这确

实不能不令人感到既好笑又可气，国家已经处于危亡的警戒线，君主竟然毫无察觉，还在为老祖宗歌功颂德，修建极其华美壮丽的九庙。当然王莽也并非完全无视灾民的惨状，他还是采取了一些措施想要救助灾民。但令人费解的是他用的居然是"煮草木为酪"这样荒唐的方法来为灾民排忧解难。饥民当然不能拿草木充饥，于是民众互吃的惨绝人寰之事频频发生，令后人毛骨悚然，不可想象。翻开当时的历史，人吃人的例子俯拾皆是。各地民不聊生，

起义与农民运动

"盗贼"蜂起。而短暂的新莽政权如此观之，也快走到了尽头。

公元 14 年，琅玡郡海曲县爆发了由吕母领导的农民起义。吕母之子原本是个安分守己的小县吏，只因一点小罪便被县宰所杀。吕家家产丰饶，资产数百万，其母为替子报仇遂破家财结交亡命之徒，首先攻破海曲县城，杀死县宰，游击于琅玡附近海上，众至数万人。

公元 17 年，王匡、王凤、马武、成丹、王常等人也在绿林山起事，迅速发展到七八千人，号称"绿林军"。绿林山在今湖北省江陵和河南省南阳之间，后世所称的"绿林好汉"就是源于此农民起义军。公元 21 年，绿林军与新朝荆州牧的两万军队交战于云社，大败新莽军，杀敌数千人。随即乘胜克竟陵，转掠云社、安陆等地，大概是为了解决部队官兵的个人问题，绿林军还刻意劫持了大批妇女，又回到绿林山中过起山大王的日子来。绿林中很快又聚集起五万多人，然而好景不长，公元 22 年，绿林山上瘟疫流行，死者近半，绿林诸头领不得已，只好率领部队分头转移。王常、成丹西入南郡，号称"下江兵"；王匡、王凤、马武等人北上南阳，号称"新市兵"。新市兵攻打随地，平林人陈牧、廖湛聚千余人起事响应，号称"平林兵"。春陵人刘兄弟也聚众起事，号称"春陵兵"。

公元 18 年，琅玡人樊崇在城阳国莒县举兵，有百余人响应，转战泰山一带，自号"三老"。当时青、徐两州闹饥荒，寇贼蜂起，群盗以樊崇勇猛，纷纷归附，一年内聚集万余人。樊崇的同乡逢安，东海人徐宣、谢禄、杨音等，各聚众起义，合兵数万人，听命于樊崇。

至此，乱世的农民义军首领都已粉墨登场，令人期待的扭转历史的精彩好戏至此也就拉开帷幕了。

赤眉绿林起义

三、起义的主角——绿林军

王莽新朝年间，在新市（今湖北京山）发生了中国历史上第二次农民大起义绿林起义。长期以来，由于统治阶级的偏见与禁锢，对绿林军的评价总是蒙上一层阴影。封建统治者说它是绿林大盗，百般诋毁，而农民革命家说它是绿林英雄，大力推崇。为了还绿林军以本来面目，我们必须实事求是，以绿林起义的过程为依据，以其功绩为佐证，深入探讨绿林文化，全面透析绿林精神，对这次规模空前的农民起义做出合理客观的评价。

（一）绿林军概述

绿林军，指中国新朝末年由因旱灾和蝗灾造成的饥民所组成的一支反对王莽政权的军队，因主要部队起兵于荆州的绿林山（位于今湖北京山县）而得名，称为绿林起义。后因绿林山发生瘟疫，绿林军被迫分成"下江兵""新市兵""平林兵""春陵兵"四支。

地皇四年（公元 23 年），各支绿林军会师，共同推举汉朝宗室刘玄为帝，年号更始，决定争夺天下，以王匡、王凤为上公，刘为大司徒，刘秀为太常偏将军。同年，刘攻克宛。接着，绿林军在刘秀的率领下，在昆阳之战中击溃王莽的主力大军。十月初一，绿林军攻克长安，杀王莽，建立了更始政权。

此后，绿林军与另一支起义军赤眉军发生冲突，内部亦产生分裂。更始三年（公元 25 年），王匡率部与樊崇率领的赤眉军联合，攻占长安，立刘盆子为帝。后与南阳的春陵兵合流，成为后来东汉政权得以成立的主力。当年六月，刘秀在河北称帝，改元建武，建立东汉，绿林军残部并入其部队，成为东汉皇家部队的一部分。

（二）绿林好汉盖赤眉

　　所谓的绿林好汉，其实就是指活跃于湖北、河南一带的下江、新市、平林、春陵的四支部队，也被大家称作"绿林系"。但论其远近亲疏，又以下江、新市最为亲近，平林、春陵关系则相对较远。然而，正是平林、春陵这两个关系稍远的外围分子，给绿林军在历史上的作为添上了浓重的一笔。平林兵中更是有位曾经只是个当"安集掾"的小军官刘玄，后来成为两汉之间赫赫有名的关键人物，即"更始"皇帝。而在春陵兵中，那位历史上以胆小兼老实而著称的刘秀，后来成为了东汉的开国皇帝，翻开了中国历史新的一页。纵观我国古代的历史，从来就是成者王侯败者寇，出了这么两位闻名于世的皇帝，绿林起义军的风头自然就要远远胜过赤眉军了，因此后世只有"绿林好汉"却没有"赤眉英雄"之称。

　　刘玄，字圣公，春陵人，汉朝疏属，生于汉景帝之后，身为长沙王室春陵侯一系，与刘秀乃族兄弟，其母何氏为平林人。新莽中期，因为犯法而逃亡远方，走投无路后加入平林军做了安集掾，他与另一位草头皇帝刘盆子在《后汉书》中同传，早期事迹寥寥无几，记载较少，因此后人对其也往往知之甚少。

　　刘秀，字文叔，与刘玄一样也出于春陵侯一系。相传刘秀身长有七尺三寸，美须眉，大口隆准日角，总之按照史料记载是非常符合古代帝王之相的。不过他却一点都没有遗传到其老祖宗刘邦的脾气，性格爱好倒是十分像刘邦那位以善于置产业而出名的二哥。据史料记载刘邦年轻时游手好闲不务正业，他父亲经常拿他同那位很会赚钱的二哥比较，并将其作为榜样教育他，等到后来刘邦当了皇帝，一家人聚在一块儿喝酒，他捧着玉杯给老父亲敬酒，问道："始大人常以臣亡赖，不能置产业，不如仲力。今某之业所就孰与仲多？"意思是说，当年你总说我无赖，不如老二有出息，现在我和老二比，谁的产业更大呢？为了这个，刘秀的大哥非常瞧不起他，认为刘秀也就是个没出息的田舍翁，常拿"今某之业所就孰与仲多"的典故开弟弟的玩笑。也亏得刘秀脾气好，不仅不生气，也从来不计较，还赔着大家一块傻笑。

刘秀的哥哥刘縯，字伯升，与弟弟不同，他的爱好倒是与其先祖极为类似，也好养侠士，经常在家里窝藏一些亡命徒，天生就是一个乐天好事的主儿。

王莽天凤年间，刘秀曾经被家里送到长安去学习《尚书》，但没读出什么大出息，半懂不懂地就回到了老家，继续安安稳稳东走西窜当他的田舍翁，整日做的就是些他大哥懒得做甚至是极其不屑的琐碎事儿。比如说帮别人打官司追讨钱粮，或者就是去大城市里卖米买工具，另外还有暗中贿赂官吏偷逃税款之类的事情……他偶尔也会抒发一下志向，但也不过就是"仕宦当作执金吾，娶妻当得阴丽华"这类目光短浅的眼前愿望，浑身上下一点也看不出有英雄气概。可就是这位未来的开国皇帝，难免愚者千虑，必有一得的灵光闪现之时，当时民间有谶言称"刘秀当为天子"，大家都觉得这个刘秀应该说的是王莽的国师刘秀，但这个田舍翁刘秀也会和大家开开玩笑："安知非仆乎？"你们又怎么知道应验的这个不是我呢？显得他幽默风趣又机智，倒也不失为大智若愚。

公元 22 年，南阳闹饥荒，刘秀家的宾客中也颇有些人暗中为贼。就因为这样，当地官吏不时找他麻烦，自然也免不了趁机捞一把，敲他几笔竹杠。被官吏敲诈怕了的刘秀，不得已只好跑到新野躲了起来，《后汉书》上毫不客气地将其此举称为"光武避吏新野"，但刘秀到底还算得上是个勤于治业的人，即使在逃难途中，自身难保，但听说附近大都市宛城的谷价高，就又跑去宛城倒卖庄园上出产的谷物。宛城豪强李通等人意图造反，想拉个姓刘的当作招牌，于是便以图谶游说刘秀，称"刘氏复起，李氏为辅"。所谓图谶、谶言，其实就是预言，就其性质来说倒是有点像谣言，总是能够听见它们飞来飞去，却总也不知道最早是从谁那里传出来的。从战国末年起，我国古代历史上每次大变更好像都伴有谶言的影子，比如在楚地流传的"楚虽三户，亡秦必楚"，就是很好的例子。大概是因为江湖上流传的谶言太多了，所以难免有那么几句碰巧就说准

了，于是人们就把谶言当成是天机暗露，有些人更是专门去研究谶言，甚至将它做成了一门学问，王莽篡汉，其实就在相当程度上借用了谶言的力量，所以两汉之间简直可以说是谶言的黄金时代。没有谶言的预示，大英雄们就要心惊胆战，吃不好饭睡不好觉乃至连如探囊取物

起义与农民运动

般容易到手的皇帝都不敢做。谶言可以左右政局的这种现象一直持续到南北朝时期。在此后的历史中，我们也能经常看见它那影响着历史发展和前进的诡异身影。明末时期，宋献策还在给李自成献"十八子主神器"的谶言呢！这些都足以说明古代中国人对于谶言的迷信到了何种程度，今人看来可能会觉得难以理解，但在那个生产力和科学技术都十分不发达的年代，这些或许就是他们解释世界的一种原始方式也未尝可知。

而光武帝刘秀恰恰就是这样一个相当信谶言的人，直到他当了皇帝，还把这些话当成宝贝，被大臣批评了还闹情绪要处分人，所以李通拿出来的图谶还真让他动了心。刘秀倒不是觉得自己有什么帝王相，可是他家有位好养侠士，英雄气概十足的大哥，他就琢磨着没准是说俺家老大呢！加之他又被官吏欺负得够惨了，一时冲动，就决定与李通等人同谋造反，把卖谷物赚的钱全拿出来购置武器。公元22年的10月间，刘秀和李通、李通的从弟李轶等人在宛城起兵，时年28岁。刘秀带着这支人马回到老家舂陵，这时他大哥刘縯已经在当地拉起一支部队了。这两支部队会合后，被史家统称之为"舂陵兵"。刘家老大向来是以惹是生非而出名，他起事时，把诸家刘氏子弟都吓得够呛，因为造反在当时是诛灭九族的大罪，因此怕被连累的众兄弟们都纷纷溜走甚至躲藏起来。等到刘秀也带着一支人马回来，大伙儿先是面面相觑，不敢相信，而后便都乐了：连这么憨厚老实的人都带头造反了，我们还怕什么呢？于是刘縯联合新市兵、平林兵等绿林各部，自称为"汉军"，攻打周边城邑聚落，部队逐渐发展壮大起来。不过在雄才大略的刘縯眼里，可怜而又懦弱的刘秀天生就不是个起事的材料，便只肯分给他一头牛骑。刘秀就这样骑着牛起义了，直到汉军打败王莽的新野尉，他才终于得到了一匹战马。今天看来，人们还会觉得很滑稽，想当年高祖芒砀山斩白蛇起事，手里还握有一柄三尺利刃呢，而他的后人刘秀，却是骑着一头牛开辟了后汉两百年的天下……我们在感慨乱世春秋、世事多变的同时，对于命运的难以琢磨是否也会唏嘘不已呢？

历来在英雄人物的眼里，即便都只是皇帝的道具，剑终究还是要比牛更有

起
义
与
农
民
运
动

些气派。想想看，要是李贺把"男儿何不带吴钩，收取关山五十州"改写成"男儿何不骑黄牛，收取关山五十州"，那岂不是要让后人们大跌眼镜了吗？所以，十六国时代的羯族酋长石勒曾经就这样谦虚地说："汉高祖我是比不上也不敢妄自攀比的，不过汉光武帝嘛？我大概和他并驾齐驱还是绰绰有余的。这大概就是因为剑要远远胜过牛的缘故吧。刘氏兄弟舂陵起事之后，就迅速联合绿林各部，四面攻城掠地，一时间汉军声势大振，士气鼓舞。

公元二十三年正月，汉军在刘縯的指挥下，大破新莽军数十万人，主帅阵斩王莽前队大夫甄阜、属正梁丘赐。紧接着，刘又大败新莽当朝名将纳言将军严尤和秩宗将军陈茂，以十万之众，进攻并围困宛城。那么防守宛城的主将又是谁呢？这便是赫赫有名的后来东汉"云台二十八将"之一的岑彭，也正因此汉军才久攻宛城不下。也是在这年的二月，绿林军的各部，在宛城共同推举平林军的安集掾刘玄为汉帝，并以刘良为国三老，王匡为定国上公，王凤为成国上公，朱鲔为大司马，刘縯为大司徒，陈牧为大司空。其余诸将也都各自列位九卿将军，老实人刘秀更是混得了个太常偏将军。而在当时，不论战功还是才干，绿林军刘氏宗亲中最有资格成为汉帝的非刘縯莫属，这从王莽对他的特别重视还悬以重赏捉拿就可以明显看出，"购伯升邑五万户，黄金十万斤，位上公"。因为当时还没有哪个绿林赤眉的头目能被重金悬赏到这个价钱。刘縯威严素著，声名远播，各方豪杰猛将也多归附于他，赫然凌驾于平林、新市诸将之上。支持刘縯的也主要是他自己的舂陵系和部分下江将领，如王常等人。而平林、新市和其他下江将领，则因惧怕刘縯桀骜难驯，又纪律严明，义军原本都是盗贼出身，闲散放纵惯了，所以大家宁可拥立虽无太大才能却也能相安无事的刘玄称帝。因此平林、新市诸将暗地里活动并积极拥立刘玄，等到既成事实后，才派人通知了刘氏兄弟。

刘縯得知此消息后对此举表示出相当的不满，但为了顾全大局，还是较为委婉地提出："诸将军幸欲尊立宗室，其德甚厚，然愚鄙之见，窃有未同。今赤眉起青、徐，众数十万，闻南阳立宗室，恐赤眉复有所立，如此，必将内争。今王莽未灭，而宗室相攻，是疑天下而自损权，非所以破莽也。且首兵唱号，鲜有能遂，陈胜、项籍，即其事也。春陵去宛三百里耳，未足为功。遽自尊立，为天下准的，使后人得承吾敝，非计之善者也。今且称王以号令。若赤眉所立者贤，相率而往从之；若无所立，破莽降赤眉，然后举尊号，亦未晚也。愿各详思之！"

（三）绿林起义的三个阶段

历时近九年的绿林起义，大致可以分为三个阶段：

1. 聚众结义阶段（17—21 年）

公元 17 年，荆州大旱，据《后汉书·刘玄传》记载："南方饥馑，人庶群入野泽，掘凫茈（荸荠）而食之，更相侵夺。新市人王匡、王凤为评理争讼，遂推为渠帅。"王匡、王凤仗义执言，在群众中有很高的威信。18 年初春，河南人马武、王常、成丹带领部队前来投靠他们，由此使二王领导的军队达到七八千人。他们选择绿林山（即今大洪山）为根据地，将一块空旷地（今三王城）为练兵场。最初的几年，绿林军在山上开荒种地，过着自给自足、安稳和美的生活。后来，义军人数越来越多，军事实力愈加强盛。到了 19 年秋天，首次攻打驻地附近的集镇离乡聚，并缴获了大量官方物资。公元 21 年，绿林义军终于发展到五万

赤眉绿林起义

多人，初具规模。

2. 重创莽军阶段（21—23年）：

公元21年，王莽听说荆州绿林山聚集了大量的农民义军，心中慌乱，于是便派荆州牧率领两万精兵对其讨伐。王匡、王凤主动出山迎战。在云杜（今京山县城）周围，出其不意袭击莽军，并大获全胜。"大破牧军，杀数千人，尽获辎重"，后又乘胜"攻拔竟陵（今钟祥），转击安陆……还绿林山中，至有五万余口，州郡不能制"。（《后汉书·刘玄传》）

公元22年夏，绿林山发生严重瘟疫，数月间人死过半，义军面临着濒临灭亡的威胁。王匡、王凤，王常、成丹分别率领人马，兵分两路，离开了绿林山。王匡、王凤带兵进入南阳，威震四方。汉宗室刘縯、刘秀兄弟恰巧当时也在聚兵反莽，便主动与绿林军联系。两军联合后，重创莽军严尤、陈茂的部队，在南阳、昆阳地区打了一系列的胜仗。

3. 复汉立帝阶段（23—25年）

公元23年，起义军战胜严尤、陈茂官军之后，关于领导权的争夺日益激烈起来。这次战胜莽军的主力是绿林军，王匡、王凤在义军中赢得了很高的威望，王匡实际上成了义军的最高统帅。但王匡存在"天下非汉莫属，非刘氏莫王"的封建正统思想，不愿自称皇帝，于23年3月在淯水沙洲设坛陈兵，举行大典，立汉高祖九世孙刘玄为帝，号更始。

昆阳之战后，王匡率兵于23年9月攻破洛阳，10月攻入长安，将王莽杀死。王莽政权宣告结束。

刘玄进入长安后，贪恋酒色，不理朝政。后来又在别人的挑唆之下开始怀疑绿林军领袖对其不忠。面对赤眉军的层层逼近，绿林军大将申屠建规劝刘玄

撤退到南阳根据地另起炉灶，刘玄对此不仅毫不理睬，反而将他杀害。王匡被迫归附了赤眉军。公元25年9月赤眉军攻入长安，12月，将刘玄绞死。后来，王匡又离开赤眉军，归附刘秀部下宗广。据史料分析，王匡随宗广后，于26年3月被刘秀授意杀害。王凤在长安受封宜城王后，下落不明，疑被刘玄派人暗杀。

四、起义另一军——赤眉兴亡录

（一）赤眉军起义经过

西汉末年，封建地主对土地的兼并达到了疯狂的地步，大部分农民丧失了赖以生存的土地。很多农民身无立锥之地，再加上频繁的自然灾害，使人民处于水深火热的境地。封建王朝的统治又十分荒淫腐朽，奢靡腐败，官吏还大肆鱼肉人民，盘剥百姓。当饥荒到来时，居然发展到人吃人的地步，挣扎在死亡线上的人民再也不能忍受下去了。

天凤五年，琅玡人樊崇率领一百人在莒县起义后转入泰山，不久临沂逢安，东海郡徐宣、谢禄等也纷纷群起响应，并率领部下几万人与樊崇会合。后来以樊崇为首的起义军不断壮大，相传因为这支起义军队伍用赤色染眉故称赤眉军。

赤眉军在山东诸城城西歼灭了王莽新朝主力军队一万多人，取得了首次大捷，之后就立即乘胜进攻青州，后来又折返回到泰山，队伍此时也已经发展到十多万人。同时起义军还制定了严明的纲纪法令："杀人者死，伤人者偿创。"以此争取群众，打击敌人，但令人遗憾的是赤眉军并没有自己明确的纲领，这也为其日后的混乱腐化埋下了祸根。

赤眉军于地皇三年二月同王莽大将王党军大战，起义军采取机动灵活的战术，避实击虚，再次取得大胜。地皇三年四月赤眉军又与王莽手下的两员大将王匡、廉丹决战于山东东平，这次战后王匡狼狈逃走，廉丹被杀死，赤眉军占领了黄河两岸的大片土地，势力迅速强大起来。

更始政权建立后，樊崇率领赤眉军二十多名将领来到洛阳归附更始政权，绿林赤眉军主力联合。但更始皇帝刘玄昏庸腐败，日夜饮酒作乐，大封宗室，

赤眉绿林起义

19

排除异己，杀大将刘馘，使众将士心寒绝望终至走向分裂。樊崇带领手下主将回到军中，不久就率兵进军颍川，而后又进攻宛城，杀县令，另一路大军则杀死了河南太守。

赤眉军获得多次胜利后，樊崇决定西征。于公元24年12月开始西征，两路大军进至长安。并且打败了刘玄之将苏茂，接着整顿部队，进攻长安。公元25年3月，大败李松。李松部死伤三万多人，逃回长安，众将立汉宗室刘盆子为皇帝，国号"汉"，樊崇任御史大夫。王匡、张卯为了避免被刘玄杀害，遂率军投奔赤眉军，25年9月赤眉军攻克长安，刘玄被迫投降，不久就被绞死，西征就此以胜利告终。樊崇没有战略眼光，只顾着眼前的蝇头小利却毫不顾及长远利益，不着急打破外围却论功行赏，从而贻误了大好战机，终于没有占领到战略要地华阴、新安等地。赤眉军在面对新形势时没有给予足够的警惕，而这个时候各地的地方武装纷纷建立兴起，抢占地盘，尤其以刘秀军为主要对手，刘以洛阳为中心，封锁了赤眉军的后路，同时又不断兼并其他弱小的武装力量，势力也逐渐强大起来，军事实力远远超过了赤眉军。

关中地主豪强组织武装，聚众反抗，使长安粮食供应出现了极其严重的问题，赤眉军由于没有及时采取严厉的措施打击豪强来获得足够的军粮，无奈之际只能转移到甘肃一带，此时不仅许多士兵在遭逢大雪后被冻死，又遇到了天水隗嚣的偷袭，最终只好再次返回长安，但此时的长安也并非太平安稳之地，甚至还发生了百年不遇的大饥荒，二十万赤眉军只好向东进发，并在河南渑池与刘秀大军决一胜负，刘秀主将冯异派部下假扮赤眉军埋伏下来，赤眉军毫无察觉便轻而易举被冯异击败，后又在宜阳遭到截击，起义军虽然浴血奋战，但饥饿疲乏之余最后还是失败了。樊崇等大将不久便被杀害，主力被歼灭后其余分散的各地赤眉起义军也都相继为刘秀所灭。

（二）赤眉军三老识包咸

传说，汉代延陵出了一个神童，名叫包咸。他小时候十分聪明，塾师一教便会。地方上找不到学问比他好的塾师，父亲只好将包咸送到京城长安去上太学。包咸进了太学，在老师指点下博览群书，著书立说，成为太学生中的有名人物。到了包咸36岁那年，天下大乱，到处发生农民起义，他不能安心读书，只好背了一些书，离开长安回延陵。当他出了潼关，走到河南地界时，突然碰上一支农民起义队伍。这个队伍里的士兵，都用朱砂涂眉毛，打着"赤眉军"的旗号，每营由一个三老指挥。这些三老大多目不识丁。赤眉军发现一个背着书包的书生，就把他抓起来送到三老那里。包咸被关在军营中，仍然不忘读书。他起早贪黑，读书自娱，读到惊奇高兴处，放声大笑，读到悲哀伤心处，失声痛哭。看守人员把情况禀报三老，三老吩咐看守人带来提审，并命令他把书包一起带上。三老问包咸是哪里人，干什么的？包咸说："我是扬州郡风美县延陵乡人，是太学生。"三老问："你念的什么书？"包咸答："五百年前孔子写的书。"三老听了哈哈大笑："五百年前死人的书有什么念头？真是大傻瓜。"说完他下了座位，走到包咸身边，从书包里随便抽出一本书，指着其中一行，命令包咸说："念给我听！"包咸一看是《论语》中的一句，念道："四体不勤，五谷不分，孰为夫子？"三老一听："对！骂得对！孔子不种田，该骂。"三老又随手指一页叫包咸念。包咸照着书念："不患寡而患不均。"三老问这是什么意思。包咸解释说："不怕贫穷，只怕贫富不均。"三老说："对呀，我们赤眉军就是为了劫富济贫。"三老又抽出一本《孟子》要包咸念其中一行。包咸念："民为贵，社稷次之，君为轻。"三老拍手称赞，说："这老头儿说得还有点道理，当然老百姓为主，皇帝算什么东西！"三老回到座位后说："看来书里也有讲得对的地方。我们打下江山以后，要让农民的孩子读书、识字、明理。"接着又对包咸说："书呆子，你回延陵去吧，我们马上要去打长安了，打下长安再让你们读书人去读书吧。"包咸辞别了赤眉军，走了一个多月，回到延陵。第二年，王莽被杀，刘秀登基，包咸被地方官举为孝廉，推荐到长安，被聘为皇太子的老师，成为延陵历史上第一个有名的学者。

（三）赤眉军被攻灭的战争

更始三年（公元25年）六月，刘秀称帝，

改年号为建武后，立即派大司马吴汉统军十余万围攻洛阳，同时命耿陈俊屯兵五社津（今河南巩县以北），警戒荥阳以东。此时，更始政权军队（绿林军）正与赤眉军激战于新丰附近，无法顾及东边的洛阳。吴汉率岑彭、贾汀、狃獚等十一位将军攻打洛阳，更始将领朱鲔孤军守城，顽强抵挡（李轶因朱鲔中刘秀借刀杀人之计而被其刺杀）。吴汉一连攻打了两个多月，未能得手。后刘秀亲至河阳，坐镇指挥，也未能奏效。九月，赤眉军攻陷长安，更始政权覆亡，刘秀遂遣岑彭劝说朱鲔投降。起初朱鲔以曾主谋杀刘縯及阻拦刘秀去河北之事，不敢投降。刘秀向他明确表示不计前嫌，朱鲔见外援已绝，洛阳孤城早晚将破，遂开城投降。十月，刘秀定都于洛阳，控制了关东的战略要地，与西进的邓禹，对关中的赤眉军形成了夹击之势。

邓禹在河东击败更始王匡等所统的十余万大军之后，七月，自汾阴（今陕西韩城东南）渡过黄河，进入夏阳（今陕西韩城西南），在衙县（今陕西白水北）又击破了更始中郎将左辅都尉公乘歆之兵十余万。此后，邓禹军一路所过，各地豪强及更始驻军纷纷望风而降，邓禹军急速膨胀，号称百万，名震关西。赤眉军进占长安后，邓禹部属皆劝邓禹攻取长安，邓禹认为自己部队人数虽众，但能战者少，又缺乏足够的军资，不能与锐气正盛的赤眉军争锋，于是率军向北，后控制了上郡、北地、安定三郡，一面休整部队，一面窥伺关中赤眉军动

向，限制其向北发展。

赤眉军进入长安后，其四周东有洛阳的刘秀，东南有南阳的成丹，南有汉中的刘嘉，西有天水的隗嚣，关中还有一些更始政权的残余力量，处于四面受敌，孤立无援的境地。但赤眉军没有制定任何相应的策略来改变这种不利处境，而是将几十万大军屯驻于长安地区。而关中地区由于屡遭战乱，人民饥馑，各地豪强反对赤眉军，纷纷坚壁清野，使赤眉军无法筹措到粮食，补给严重困难。建武二年（公元 26 年）正月，长安粮尽，赤眉军决定向西发展，走陇上（今陕西陇县）就食，寻找出路。但是，在那里赤眉军遭到隗嚣的拦截和暴风雪的袭击，冻死不少士兵，损失惨重，被迫退回。

当赤眉军离开长安西去时，邓禹军立即由上郡等地南下，轻而易举地攻取了长安，但邓禹并没有全力作好防守准备，忽见赤眉军东返，匆忙派兵迎击，结果大败而归，邓禹慌忙退出长安，入据云阳（今陕西省三原）。建武三年（公元 27 年），赤眉军在崤（今河南洛宁）和宜阳再被刘秀军打败，樊崇投降，最后被杀害。

赤眉绿林起义

23

五、昆阳之战

在绿林义军重创王莽新政的第二阶段中特别值得一提的是昆阳之战。《辞海》对"昆阳之战"是这样描述的："我国战争史上以少胜多的著名案例。公元23年，绿林义军进攻并围困宛城，最终攻克了昆阳等县。王莽见状派王寻、王邑率军四十二万反扑，包围昆阳，采用楼车和地道攻城。王凤等率起义军八九千人奋战坚守，派刘秀等突围救援。各路起义军进援昆阳时，刘秀乘莽军轻敌懈怠之机，率领精锐部队三千人集中突破敌军中坚力量，而后杀死王寻。各军奋勇作战，城内守军也乘胜追击，在义军内外夹攻的形势下，大破敌军，歼灭了王莽的主力。"可以说正是昆阳之战敲响了新莽政权的丧钟。

当时的新莽政权面临着北方的赤眉与南方的绿林两大反对集团的挑战。刚开始，王莽将赤眉军作为主要的镇压对象，相继派出多支精锐的主力部队对其围剿。而对于南方的绿林军，似乎就不那么重视了，就像严尤这样的著名将军，所率领的也不过是仓促拼凑起来的地方部队和临时招募的士兵，每次行军打仗还必须上报，不然就犯了"弄兵"之罪。然而当刘玄称帝的消息传来之时，这位篡权的皇帝才终于幡然醒悟，认识到了绿林军的威胁之大，马上就将战略重心进行了调整并转移，而后又调集各县兵力集于洛阳，随时准备与绿林军进行战略决战。王莽对此战相当重视，以他手下最得力的大将大司空王邑、大司徒王寻为主帅，共集结了四十二万人。王莽还找来一位身高过丈，腰大十围的山东"大力士"做"垒尉"，负责看守营房壁垒。另外，他还把上林苑里的猛兽，如虎豹犀象等都放出来随军作战，以助军威。但是王莽忽略了猛兽们以肉为生，

而行军打仗途中的士兵都处于极度紧张的状态中又怎会有工夫为它们寻觅鲜肉呢！而当时又适逢春夏之交，是动物们的发情期，脾气不太好的猛兽还喜欢在半夜嚎上几声，闹得大家觉都睡不安稳，严重影响了部队的休息，偶尔还会发生伤人事件。当然王莽这个饱读诗书的皇帝可并非是凭空想象出这样的怪招，《史记·五帝本纪》确实有关于黄帝"教熊罴貔貅虎以与炎帝战于阪泉之

野"的说法。碰上王莽这样一个有复古情结的君主，大家也就见怪不怪了。不仅如此，王莽还征召当时研习兵法的六十三家流派共数百人作为基层部队参谋。这一举措，确实使新莽军的军事理论水平大大提高。但这六十三家不同的流派很难

统一作战思路，一路上吵个不停，常常为最后采取哪家的决策而争论不休。也正是这一年的五月间，王寻、王邑大军与颍川的严尤、陈茂会合后，立即向昆阳挺进，数日之内，就有十余万大军抵达昆阳城下。瞬时之间肃杀的气氛笼罩了整个昆阳城。

昆阳（今河南省叶县），正是成语"叶公好龙"中叶公的家乡。在这一带活动的汉军，是新市兵王凤、下江兵王常及舂陵兵刘秀等部队，而汉军主力尚顿兵于久攻不克的宛城之下，无暇顾及昆阳。此役的序战，由未来的汉光武帝刘秀率先打响。刘秀率数千人马在今河南省禹县西北的阳关一带与新莽军发生了遭遇战，见对方兵力强大，随即撤入昆阳城据守。其他各路汉军得知此消息后，也纷纷退入昆阳城中，小小的昆阳城里，顷刻间聚集了汉军近万人马。随着新莽数十万大军临昆阳城下，逃入城中的诸将多惊慌失措，有些人便借口担心妻室儿女的安全，想散伙逃回自己的地盘继续当山大王。这时候倒是向来被大家认为只配骑牛的胆小鬼刘秀头脑还算清醒，并且头头是道地给大家分析："我们现在虽然粮食和兵力都匮乏，敌军势力又很强大，但为今之计也只有放手一搏，集中主力和对方决战，这样或许多少还有点翻身的机会。否则我军主力现今还在宛城下，一旦我们撤退，主力部队必将遭到敌军的两面夹击，不出一天，就会被消灭殆尽。到了那时候，在座的各位还能逃到哪里去？"像刘秀这样的老实人居然讲出这么火气十足的话，实在让大家感到吃惊，有些人就反唇相讥道："就凭你这个胆小鬼，也配教训我们？"刘秀无奈苦笑，转过头来起身就要走。就在这个时候，侦察的骑兵来报：新莽军已抵达城北，全军蜿蜒数百里，连队尾都看不见。刚刚还在耀武扬威的众人这时都傻了眼，最后决定还是把刘秀请回来，听从他的意见。这样无形之中，刘秀便成了昆阳城守核心总指挥，在他的策划下，汉军决计死守昆阳等待援军的到来。

刘秀令王凤、王常留守昆阳，自己则率十三骑突围寻求援助，当时新莽军

已有十余万大军兵临昆阳城下，刘秀率领的这支小部队突围成功后急速赶往郾、定陵等城，准备调发所有部队前往救援昆阳。有些舍不得财物的将领，还想留些部队守卫，刘秀见状十分气愤，把这帮守财奴狠狠敲打一番，同时又动之以情，晓之以理："打败了敌人，功名利禄应有尽有；打了败仗，连性命都保不住了，守着宝贝又有何用呢？"就这样，刘秀总算拉着一支队伍赶回救援仍在留守昆阳的众人。

这个时候，昆阳城下两军正在激烈作战。严尤本来是极其反对强攻昆阳的，他认为昆阳城小却坚固，难以迅速攻克。汉军主力和称帝的刘玄都在围攻宛城，如果这时能歼灭这支主力，那么昆阳城必将不攻而克。严尤和汉军交过手，对于汉军的战斗力十分了解，提出的建议也是合情合理的。但是新莽军主帅王邑却不以为然，认为自己手里有四十多万大军，踏平一个小小的昆阳城，绝非难事，而且一定要尽出风头才肯走。于是，新莽军把昆阳城包围了十层，设营百余座，旌旗蔽野，金鼓之声在几十里以外都听得真切。新莽军挖地道，还使用冲车、棚车等攻城工具，昆阳城中箭如雨下。城里盾牌顿时成了紧缺的货物，连门板都被派上大用场。王凤等人实在扛不住了，就想要投降。但新莽主将王邑、王寻就是不肯接受，一定要屠城。这样王凤之众没了指望，只能拼命防守，破釜沉舟，背水一战。严尤见城池久攻不下，建议放开一个口子，让守军突围，一方面便于在野战中将其全部歼灭；另一方面也让其传播失败的消息，打击宛城汉军的士气。王邑仍然不肯采纳其建议，于是四十多万新莽军就这样困在昆阳城下，却又无所事事。双方僵持到五月底，此时宛城已被攻克，形势逐渐有利于汉军。六月初一，刘秀、李轶率领征调来的援军抵达昆阳城下。

向来以怯懦出名的刘秀亲自率领步骑兵千余人为前锋，向新莽数十万大军挑战，抵达其阵前四五里处列阵。新莽军派遣数千人迎击，刘秀亲自冲锋陷阵，

击退敌军，斩首数十万。而后刘秀再度带领汉军诸将继续前进，屡战屡胜，奋勇杀敌上千人，直逼昆阳城下。为了迷惑敌人，同时鼓舞城中被围困数日的军队的士气，刘秀让部队对外宣称汉军已经攻下宛城，而外调的援军也即将抵达昆阳城下。其实刘秀当时并没有得知这个消息，虽然汉军确实已于三天前攻克宛城，但是胜利的消息还没传到他这

里。守城的王凤、王常，攻城的王邑、王寻同时得到了这个"假消息"，效果可想而知是截然不同的：城中部队军威大振，士气鼓舞，大家都争先恐后想要出城夹击新莽军；而攻城的数十万部队则士气沮丧，毫无斗志，只想速战速

决。这时候刘秀又率敢死队三千余人，渡过城西的昆水，直接打击新莽军"中坚"力量，也就是王邑、王寻的部队。

　　而此时的新莽军对于刘秀外调援军的到来，却没有引起足够的重视。就连一向头脑比较清醒的严尤，都很轻视刘秀。刘秀曾经因为打官司和严尤有过一面之交，严尤对这个年轻人深有印象。在这次战役中，昆阳城里有个刘秀曾经的部下投降新莽军，对严尤称刘秀不取一分财物，却在与部下将领商量对策时，严尤只是笑道："是美须眉者邪？何为乃如是！"意思就是那个须眉长得很漂亮的小伙子，他至于这样吗？这样一来王邑、王寻就更加轻敌了，只派出了仅万余人去阵地巡查，而命令其他各营对其部队严加管教，未得命令不得擅自迎战。新莽军人数虽多，但大都是些乌合之众，缺乏实际的战斗经验，而且军队士气低落，与刘秀所带领久经沙场的三千敢死军刚一接触，就立刻溃不成军，四散而逃，主帅之一的王寻于乱军之中战死。余下的数十万新莽军，本身就十分匮乏求胜的意志，失去指挥之后更是乱得一塌糊涂。屡战屡胜的汉军则军威大振，士气高涨，冲锋陷阵，神勇杀敌，四面突破新莽军阵地，昆阳城中的留守军队也趁势鼓噪而出，与外援一起内外夹击新莽军。当时恰逢狂风大作，暴雨倾盆，只见屋瓦皆飞，河流暴涨，新莽军中的猛兽都乱了阵脚，更谈不上在沙场上助阵了。溃散的士兵，纷纷向北逃走，却又被追击的汉军赶到了暴涨的山川里，万余人溺死河中，连"大力士"也在劫难逃。王邑、严尤、陈茂等新莽军众将领，仅率少数从长安带来的精锐骑兵踏着死尸从河边逃出。战后，汉军花了一个多月的时间都没有完全搬走新莽军遗弃的大量军用物资，不得已将剩余的都焚毁了。

　　对于新莽朝终于彻底失去信心的严尤、陈茂，随即投奔了起兵于汝南的原汉朝宗室刘望。王邑则率领残兵数千余人，一口气逃到洛阳城。昆阳之战，终以新莽王朝的惨败告终。

六、赤眉绿林之决裂

　　王莽死后，社会更加动荡不安，天下群雄并起，陷入大分裂的状态。而这时的更始皇帝刘玄，却并非是个能够扫平群雄，一统天下的真命天子。他来到长安后，眼前看到的只是一个末世风态未改，华美壮丽而又奢靡的都城。在长安的宫殿群落中，只有未央宫被焚毁，其他都还保存得比较完整，还有数千宫女，备列后庭。钟鼓、帷帐、舆辇、器服、太仓、武库、官府、市里，悉如旧制。于是更始帝刘玄也学着老祖宗刘邦初入咸阳的样子，住进了长乐宫，宫里的执事人员举行了盛大的仪式欢迎他。一开始，他还有点害羞，表现得很生涩，低着头只顾刮席子玩。等到过几天住熟了，就玩得比谁都疯，日夜与妇人饮宴后庭，群臣要找他办事，每次都是喝得烂醉而归，而后谁也不见，如果被大臣们逼得无路可逃，就让侍中坐在屏风后面冒充他讲话。他的宠姬韩夫人埋怨奏事的人打搅了她喝酒的兴致，竟然把办公的书案都给砸了，而刘玄则拍手称快，这着实让人觉得荒唐透顶。汉高祖在咸阳宫中鬼混，还有个忠心不二的樊哙把他拖出来严加规劝，这位更始帝即便是身边有个樊哙，恐怕他也不敢去招惹更始帝那位母老虎韩夫人。所谓得民心者得天下，汉高祖刘邦入关之初，以约法三章取得民心，得到百姓的大力支持。而我们这位更始皇帝刘玄都做了些什么呢？他的部下将领来朝见他，他居然笑嘻嘻地问："你们又抢了多少东西？收获还不错吧？"旁边的侍从官面面相觑，无人吭声。而当初积极拥立更始帝的诸绿林义军首领，见到皇帝如此荒淫无能，这时也都忙着分一杯羹，暗中策划造反。

　　为了酬功，刘玄竟然一口气封了二十个王：宗室太常将军刘祉为定陶王、刘赐为宛王、刘庆为燕王，刘歙为元氏王、大将军刘嘉为汉中王、刘信为汝阴王、王匡为比阳王、王凤为宜城王、朱鲔为胶东王、䡊尉大将军张昂为淮阳王、廷尉大将军王常为邓王、执金吾大将军廖湛为穰王、申屠建为平氏王、尚书胡

起义与农民运动

殷为随王、柱天大将军李通为西平王、五威中郎将李轶为舞阴王、水衡大将军成丹为襄邑王、大司空陈牧为阴平王、骠骑大将军宋佻为颍阴王、尹尊为郾王。当时更始朝中大权，基本掌握在赵萌、李松的手中，绿林其他将领则划地为王，吏治更是混乱不堪，一塌糊涂。将军们各自都有权委任官员，选拔标准又不统一，大部分是自己看得顺眼就行。于是地痞无赖、投机商人、厨子甚至屠夫，都挂着大大小小的官衔，穿着绫罗绸缎，而按照当时西汉的制度，这种身份地位的人是绝对不能够穿这种衣料的。他们成日里在长安城里瞎逛，每天在大街上吵架斗殴，还成为了当时长安城中一景，社会舆论称之为"灶下养，中郎将。烂羊胃，骑都尉。烂羊头，关内侯"。曾经拥有那个时代最强大军事实力的绿林起义军，就这样迅速地腐化了。而此时，来自东方的赤眉军，正在向长安进军。

　　赤眉军起自山东，作风简朴，首领称"三老""从事""卒吏"等低级官号，也没有具体的旗帜、文书、法规，只有一些口头约束如"杀人者死，伤人者偿创"等。因为这样，王莽曾经一度相当好奇：如此简陋的农民义军怎么还能组织起来，最后还能成气候？倒是严尤给出了这样的回答："今此无有者，直饥寒群盗，犬羊相聚，不知为之耳。"即这些起事者，是为饥寒交迫所逼出来的，至于所谓正规军队的典章制度，他们不了解所以才没有应用。然而就是这样一支最简单的农民起义军部队，其战斗力却一点也不弱。赤眉军起事之后，取得过两次较大规模的胜利：在姑幕之战中击败王莽将领田况，杀敌上万；全歼景尚、王党率领的中央军团，杀死景尚，王党下落不明。因此，在刘玄称帝之前，风头正劲的赤眉军才首先成为王莽围剿的重点。公元22年，王莽派遣侄子王匡、更始将军廉丹率十万大军进攻赤眉军。相传在这次围剿中，赤眉军的

士兵为了方便在战场上区分敌我，将眉毛都染成了红色，从此，才有了"赤眉"的称号。公元22年冬，新莽军与赤眉军交战于今山东东平西面的成昌聚，史称"成昌之战"。在此之前，新莽军刚刚攻克被索卢恢起义军占据的无盐，屠杀了一万多人，虽然取得了胜利，但新莽军士卒也处于相当疲惫的状态。

王匡想乘胜进攻梁郡的赤眉军董宪部，廉丹以转战已久、士卒疲惫为由，坚决反对出击迎战，建议全军休整。王匡却自恃是王莽的侄儿，仗势欺人，拒不采纳廉丹的意见，坚持要进攻梁郡，而且还计划在消灭梁郡的赤眉军后，挥师攻打泰山的赤眉老巢，彻底剿灭赤眉军。这位只会吃喝玩乐的公子哥儿，就这么带着自己的队伍大摇大摆地向梁郡挺进，甚至和廉丹先打个招呼都懒得去做。廉丹无奈之余，只能跟随王匡进军梁郡。而此时，骁勇善战的赤眉军领袖樊崇，在得知王匡义军的动向后，急行军赶到成昌聚以南地区，隐蔽好后等待敌军进犯。王匡、廉丹骤然遇敌，加之士卒疲惫，很快落于下风。王匡见大势不妙，扔掉军队准备逃走。廉丹不肯突围，苦战到底，最后见大势已去，遂命部下将自己的印信符节转交给逃走的主将王匡，同时对部下说："小儿可走，吾不可！"终于战死沙场。王莽对此相当震惊，派遣国将哀章协助王匡率司命孔仁、兖州牧寿良、卒正王闳、扬州牧李圣等，调集各州郡兵力三十万人，再度发兵进攻赤眉军。成昌之战，有力地牵制和消耗了王莽的力量，为绿林军在南方的发展帮了大忙。第二年，绿林军在南方相继取得了几次大胜利，并在昆阳之战中彻底摧毁了王莽军队的主力。而赤眉在北方发展得却不如想象中那么顺利，在东海郡被新莽军击败，死伤数千人，随后转入今河南省境内。更始帝迁都洛阳后，遣使劝降樊崇。樊崇等人本来就只因饥寒所迫而起事，并无称帝的宏图大志，接到更始的诏命后，更是欣然离开部队，只带了手下二十余名头领前往洛阳接受封赏。然而刘玄忙着玩乐，并未重视樊崇等人的到来，虽给他们都封了侯爵，但并没有授予封地，也没有进一步笼络这支强大的武装力量。樊崇等人对此深感不满，逃回濮阳的赤眉军中。公元24年2月，更始帝迁都长安，赤眉军于是向西部发展，攻入颍川郡。

此时的赤眉军长期的征战劳顿，士卒疲惫不堪，思乡厌战情绪日益增加。樊崇、徐宣等人思虑再三，感觉向东发展很可能出现部队自行散去的危险，与其如此倒不如向西攻打长安。于是赤眉军在此兵分两路，樊崇、逢安自武关入关；徐宣、谢禄、杨音由陆浑关袭占函谷入关。更始政权此时正同据有河北的刘秀交战，虽然对赤眉的动向也有所提防警惕，但由于没有足够的重视，导致在判断上出现了严重失误。刘玄命王匡、成丹率部进入河东，防赤眉和刘秀两军从此路入关；讨难将军苏茂率军进驻弘农，阻击自函谷关西进的赤眉军。从这个布局可以看出刘玄重河东，轻函谷，战略重心在防刘秀而不在防赤眉。公元 25 年 2 月，赤眉军徐宣等部绕过驻守洛阳的更始军重兵集团，进入今河南省灵宝境内，击败更始讨难将军苏茂，与樊崇军胜利会师后联合西进。更始帝对赤眉军这一大胆的军事行动始料不及，急派丞相李松率军堵截，并命令洛阳的朱鲔率部尾追赤眉军。三月中旬，李松与赤眉军战于乡，更始军大败，数万人战死，李松更是弃军逃回长安。

赤眉绿林起义

七、赤眉绿林起义的意义

(一) 绿林起义的文化精髓

《辞海》关于"绿林"的释义：新莽末年，王匡、王凤等聚众起义，占据绿林山，号称"绿林军"。后称聚集山林，武装反抗封建统治、诛锄恶霸土豪的好汉为"绿林"。亦用指群盗股匪。《汉语大词典》关于"绿林"的释义：指新莽末年的绿林军。后用"绿林"泛指聚集山林间的反抗官府或抢劫财物的武装集团。《中国成语大词典》关于"绿林豪客"的释义：绿林，西汉王莽年间湖北地区饥饿的农民以王匡、王凤为首发动起义，曾经据守绿林山，故称"绿林军"。指聚集山林、反抗官府的武装力量，或指伤害人民的群盗股匪。亦作"绿林好汉"。《现代汉语词典》关于"绿林起义"的释义：西汉末年的农民大起义。公元 17 年，王匡、王凤在绿林山组织饥民起义，称绿林军，反对王莽政权。公元 23 年，起义军建立更始政权。同年在昆阳大败王莽军，乘胜西进，攻占长安，推翻了王莽政权。

此外，关于绿林历史上还出现过带褒义的词，如"绿林豪杰""绿林豪士"等，带贬义的词，如"绿林大盗""绿林强盗"等。综上释义，无外乎两条：一是肯定绿林起义，承认绿林起义的历史功绩。二是贬损绿林精神，把"绿林"称为抢劫财物的群盗股匪。前者是词条的本义，是对绿林起义的客观评价，符合历史事实；后者是反动统治者和御用文人出于统治阶级的需要对"绿林"的曲解。另外，在王莽新朝之前，"绿"字只有"lù（律）"一种读音。绿林起义时，大部分义兵都是湖北、河南人，他们号称"绿林军"，其方言读音为 lù，因为这次起义的

影响大，涉及面广，所到之处的民众都跟称"绿林军"。后来，这一特有的文化现象就被文字学家辑录到历代字典中，形成一字两读。

（二）绿林起义的历史贡献

绿林军推翻王莽统治，为建立东汉王朝创造了条件。汉代臧洪在《报陈琳书》中写道："光武创基，兆于绿林，卒能龙飞受命，中兴帝业。"足见绿林起义的历史价值。

绿林军是第一个建立全国性政权的农民起义军。公元23年，绿林军在淯水沙洲拥立刘玄为帝，建立了全国性政权更始朝。这就有效地保证了人心的凝聚、谋略的实施和战果的扩大，致使他们能取得昆阳大捷，推翻王莽统治。第一次农民起义时，陈胜、吴广建立的政权"张楚"仅是局部性的。

绿林军首创建立农村根据地。王匡、王凤率众起义后，致力于建立一个属于自己的根据地。当时，绿林山为云杜所辖，紧临新市，属云杜边陲，新市管不着，云杜管不了，地理位置是易守难攻。公元19年至21年，他们先后占领了云杜、竟陵、安陆，控制了鄂中大片土地，建立了巩固的革命根据地。后来又建立了南阳根据地。绿林军攻打长安时，派王常、朱鲔把守南阳。

绿林军还首创军事屯田制。王匡、王凤率军进入绿林山，高峰时队伍发展到五万多人。要解决这些人的吃饭问题，是一个很大的难题。几年间，王匡、王凤带领队伍在绿林山十二个山头开荒造地一万多亩。绿林军开创的这种以军养军的生产方式，保证了军队能在绿林山驻扎达五年之久。时至今日，在绿林山还能看到满山遍野的"古汉梯田"遗迹。

开创以少胜多的典型战例昆阳之战。这场大战是王凤亲自指挥的。在莽军层层包围昆阳城时，王凤制定了一系列战斗策略，如自己亲自守城，采取"假降"拖延时间，派刘秀突围搬兵，授意刘秀将伪造的"密信"故意失落被莽军看到，动摇莽军军心等等，体现了王凤的足智多谋。史书中明确记载，昆阳之战义军主帅是王凤，其次是王常，刘秀仅是偏将军。但刘秀称帝后，篡改历史，将昆阳之战的主要功劳据为己有。

虽然绿林英雄王匡、王凤被人暗杀，但绿林起义的历史功绩是不可磨灭的。绿林起义在历史长河里虽只是一瞬间，但意义是深远的。

（三）永垂青史的绿林精神

在历时九年的绿林起义中，绿林英雄们演绎了一幅幅波澜壮阔的历史画卷，同时也折射出永垂青史的绿林精神。

尽忠报国。王莽采取卑劣的手段篡夺西汉政权，为全国百姓所不服。接踵而至的一系列"改制"，加上连年天灾，广大农民缺吃少穿，国家处在危急关头。为了挽救国家的危亡，王匡、王凤举旗起义。在与莽军战斗取得节节胜利时，王匡完全有理由自立为帝，但他顺应"民心思汉，复兴刘氏"的历史趋势，不计较个人权位，主动拥立刘玄为帝，王匡、王凤屈就为"定国上公"和"成国上公"，体现了正统的"尽忠报国"思想。他们造的是王莽的"反"，报的是汉朝的"国"。

敢为人先。在广大饥民发生争斗时，王匡、王凤敢于出面，为饥民调解纠纷；当得知荆州牧率两万精兵前来镇压绿林军时，王匡、王凤没有被官军的阵势吓倒，而是率军主动迎击，公开与莽军叫板；在公元22至23年一系列战斗中，绿林军所向披靡，无往而不胜。实现了敢为人先、号令天下的辉煌壮举。

均富济贫。均富济贫是一切起义的共有特征。王匡、王凤家庭条件较好，主动将钱粮捐给饥民，体现出他们的无私；他们攻打"离乡聚"后，将抢夺的官粮分给饥民，挽救了大量濒临饿死的人；每攻下一座城池，都开仓分粮，深得民众拥护和响应。所以在攻打长安时，王莽为商人杜吴所杀，出现了全民皆兵的可喜局面。

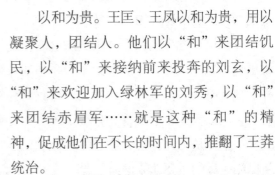

以和为贵。王匡、王凤以和为贵，用以凝聚人，团结人。他们以"和"来团结饥民，以"和"来接纳前来投奔的刘玄，以"和"来欢迎加入绿林军的刘秀，以"和"来团结赤眉军……就是这种"和"的精神，促成他们在不长的时间内，推翻了王莽统治。

起义与农民运动

自强不息。从刚开始被饥民推为渠帅，到聚集数万人驻扎绿林山；在绿林山发生流行瘟疫的紧要关头，王匡、王凤率兵果断离开绿林山；在王莽军队大兵压境时，王凤带领军民坚守昆阳半个多月；在刘玄猜疑、迫害农民领袖时，他们毅然离开，另辟他径。这都是他们自强不息的具体体现。

由绿林起义产生的绿林精神，是留给我们华夏子孙的一笔宝贵的精神财富，她与中华民族的儒家文化息息相通，构成了绿林文化的主干。在将近两千年的漫长历史中，绿林文化被不断弘扬，先后出现了张角、窦建德、黄巢、王小波、宋江、方腊、朱元璋、李自成、张献忠、洪秀全等数十次大规模农民起义。每一次农民起义，都把历史向前大大推进一步。农民出身的朱元璋革命成功，创建了 276 年的明朝基业。一本《水浒传》，实际上是一本绿林文化教科书。拨开历史上方的重重迷雾，还"绿林"一片明媚的蓝天。

赤眉绿林起义推翻了新莽政权，给地主阶级以沉重的打击，使得西汉后期严重的社会危机得到暂时的缓和。但是，在新的封建统治者所布下的陷阱里，这一轰轰烈烈的农民大起义终于失败了。刘秀窃取农民战争的胜利果实，经过十年时间，先后削平地主割据势力，重建了统一的东汉封建王朝。

赤眉绿林起义

八、东汉王朝的统一之战

东汉王朝的统一之战，是指东汉光武帝刘秀利用新莽政权被推翻后群雄并起、中原无主的有利时机，以武力进攻为主，以政治诱降为辅，先后镇压赤眉农民军，兼并群雄的一场战争。战争的结果是刘秀夺取绿林、赤眉农民大起义的胜利果实，在血泊中重新建立起封建统治秩序。由于这场战争在客观上维护了国家的统一，有利于稳定社会秩序和恢复社会经济，所以具有一定的进步意

义。战争历时多年，先后经历了平定关东、攻占关中、并陇灭蜀几个主要阶段。堪称为我国古代封建统一战争中的一个范例。

绿林、赤眉大起义推翻新莽王朝反动统治后，由于农民阶级自身的阶级和历史局限，不可能建立起自己的政权。这样，整个中国依旧陷于混战状态。然而人民渴望平息战乱，恢复安定的生活，所以统一全国，重建社会秩序也就成为历史的要求。在这种情况下，刘秀顺应历史的潮流，开始了统一全国，恢复刘家天下的战争活动。

刘秀出身于南阳豪族地主集团，政治资本雄厚，个人又具有敏锐的政治才能和丰富的军事韬略。绿林、赤眉大起义爆发后，刘秀和他的兄长刘縯一起，打着"复高祖之业"的政治旗号，在舂陵（今湖北枣阳东）一带起兵，汇入农民起义的洪流。在推翻新莽统治的斗争过程中，刘秀多有贡献，尤其在昆阳大决战中，刘秀的杰出指挥，为起义军赢得决战胜利起到了关键的作用。后来，起义军内部发生内讧，导致其兄刘縯被杀，在这危急关头，刘秀本人以其高度的政治成熟性，忍辱负重，巧与杀兄仇人相周旋，终于重新取得更始帝刘玄等人的信任，得到前赴河北（黄河以北）独当一面的机遇。这一转折，对刘秀来说具有关键意义，从此他一步步走上了逐鹿中原、并吞天下的胜利之路。

刘秀抵达黄河以北地区后，以复兴汉室为号召，不断壮大自身的势力，先后镇压了铜马、高潮、重连、尤来、大枪、五幡等农民起义军，并将农民军中

的精壮收编入自己的队伍之中，扩充自己的实力。待羽翼丰满后，刘秀公开与更始政权决裂，更始三年（公元 25 年）六月，刘秀在鄗南（今河北柏乡）即皇帝位（光武帝），沿用汉的国号，并以这一年为建武元年。不久，定都洛阳，史称东汉。

刘秀称帝后，虽然基本控制了中原（今河南、河北大部和山西南部）要地，但是仍处于各种武装势力的包围之中。东有青州的张步，东海的董宪，睢阳的刘永，沪江的李宪；南有南郡的秦丰，夷陵的田戎；西有成都的公孙述，天水的隗嚣，河西的窦融，九原的卢芳；北有渔阳的彭宠。此外尚有赤眉等农民军活动于河水（黄河）南北。刘秀根据形势，采取了"先关东，后陇蜀"，即先集中力量消灭对中原威胁最大的关东武装势力，再挥师西向的战略决策，并针对割据势力众多而分散的特点，采取由近及远、各个击破的战略方针。

建武二年（公元 26 年）春，刘秀命大将盖延率军五万进击直接威胁洛阳的刘永集团。盖延兵分两路，夹击进围刘永于睢阳（河南商丘南）。数月后城破，刘永逃奔谯县（今安徽亳县）。汉军乘胜追击，夺占沛、楚、临淮等三郡国（约今河南周口、商丘，江苏徐州，安徽阜阳、宿县地区）大部，并击破刘永部将苏茂等人所率的三万救兵。次年，刘永复据睢阳，刘秀命大司马吴汉及盖延再击刘永，围城百日，刘永粮尽突围，为部将所杀。建武五年，汉军全歼刘永余部于垂惠（今安徽蒙城），从而消灭了关东地区的最大割据势力，解除了对京师洛阳的最大威胁。

刘秀在以优势兵力进击刘永集团的同时，也派军队进攻睢阳的邓奉和堵乡（今河南方城）的董沂。

建武三年三月，汉军岑彭部迫降董沂，击杀邓奉。尔后汉军消灭南阳刘玄余部，进击秦丰。秦丰坚守黎丘（今湖北宜城西北），被困两年始降。在这期间，占据夷陵的田戎曾率兵援救秦丰，但被岑彭击败，汉军攻占夷陵，使之成为日后西进的战略要地。

在基本平定了南方地区后，刘秀采取"北守东攻"的战略方针。在派遣耿弇、朱

赤眉绿林起义

37

祐等入河北，向渔阳彭宠施加军事压力的同时，集中优势兵力进攻东方割据势力。建武五年（公元29年）二月，彭宠在汉军进攻面前节节败退，结果引起内部分化，部将杀死彭宠，汉军遂占领渔阳，统一了燕蓟地区。

同年六月，刘秀亲征东海郡（今山东郯城）董宪，将其大破于昌虑（今山东枣庄西），董宪退保郯（今山东郯城北）。汉军吴汉部跟踪追击，于八月攻下郯城，全歼董宪主力，董宪逃往朐（今江苏连云港南）。十月，刘秀遣大将耿弇进击张步，攻占祝阿（今济南西）、钟城（今济南南），诱杀其大将费邑，夺取了济南郡（今山东济南）、临淄（今山东淄博东北）。张步为挽回败局，倾全军二十万反攻临淄，耿弇以城为依托，诱敌开进，然后出动奇兵迂回袭击张步军，连战皆捷，张步逃至剧（今山东昌乐西），走投无路，被迫降汉。建武六年正月，吴汉破朐，击杀董宪。接着，汉军又在舒（今安徽庐江西南）消灭独据一方自立为天子的李宪。至此，汉军在短短的四年中，将关东地区各个割据势力全部铲除。

关东地区的统一，有力地巩固了东汉政权，为刘秀之后击灭隗嚣、公孙述，夺占陇、蜀，赢得统一战争的最后胜利奠定了坚实的基础。

在从事关东统一之战的同时，刘秀也展开了镇压赤眉农民起义军的行动。

早在绿林军攻占洛阳的时候，赤眉军的势力也进入了中原地区。其首领不满于更始政权所为，另立一帜，与以绿林军为主体的更始政权相抗衡。建武元年九月，赤眉军攻入长安，推翻了更始政权。

建武二年九月，占领长安的赤眉军因粮秣不继而西出陇东寻求出路，但结果为当地割据势力隗嚣所击败，只好折回关中。他们击走乘虚盘踞在那里的邓禹军，重新控制了长安。

由于后勤保障仍未获得解决，赤眉军再度陷入饥馑，并为地方豪强武装所包围。不久，被迫放弃长安，引兵东归。刘秀为一举扑灭赤眉军，决定凭借崤函险道，以逸待劳，以饱待饥，对赤眉军实施截击。

为此，刘秀调兵遣将，改任冯异为主将，取代邓禹，急速西进，抵华阴（今陕西华阴西）阻击赤眉军，同时命令侯进、耿弇部集结，准备会同进剿。

冯异在华阴阻击赤眉军六十余天后，于次年正月东撤至湖县（今河南灵宝西北）与邓禹部合兵。不久赤眉军进至这一带，与汉军相对峙。邓禹邀功心切，迎战赤眉军。赤眉军先佯败，后反攻，大败邓禹军，邓禹仅率二十四骑逃回宜阳。冯异率军相救，也为赤眉军所击败。冯异逃至崤底，后收集散兵和当地豪强武装数万人，与赤眉军继续交战。二月，双方大战于崤底。战前，冯异先派一部分士卒化装成赤眉军潜伏于道旁。战斗开始，冯异以少数兵力诱使对方进攻，再以主力相拒，待赤眉军攻势减弱后，突发伏兵出击。赤眉军因无法辨认敌我而阵脚大乱，溃退至崤底，八万余人投降。接着，刘秀亲率大军，与先期部署的侯进、耿弇部会合，拦截折向东南的赤眉军余部于宜阳（今河南宜阳西），予以全歼，赤眉军首领樊崇等十余万人投降。至此，刘秀终于将延续十年之久的赤眉农民起义扼杀在血泊之中。

刘秀在镇压赤眉军，削平关东群雄之后，西图陇、蜀，统一全国就提到议事日程之上了。当时，窦融据有河西，隗嚣占据陇西，公孙述割据巴蜀。刘秀根据形势，制定了由近及远、稳住窦融、先陇后蜀、各个击破的战略方针，首先将兵锋指向隗嚣。

建武六年四月，刘秀正式发动伐陇之役。遣耿弇等七将分兵进攻陇坻（今陇山，陕西陇县西北），隗嚣居高临下，以逸待劳挫败汉军攻势。于是刘秀暂时转攻为守，命大司马吴汉赴长安集结兵力，以资策应。同时争取河西窦融出兵相助，使隗嚣腹背受敌，并让马援煽动隗嚣部属及羌族酋长附汉。隗嚣见处境危急，遂向公孙述称臣，联蜀抗汉。建武七年秋，隗嚣得西蜀援兵后亲率三万大军进攻安定（今甘肃镇原东南），另派一部进攻汧县（今陕西陇县北），企图夺取关中，但分别为汉军冯异、祭遵部所击败。

隗嚣的冒险出击，造成后方的空虚，为刘秀乘虚蹈隙、直捣陇西提供了机遇。建武七年春，刘秀派遣来歙率两千人出敌不备，伐木开道，迂回奔袭，占领陇西战略要地略阳（今甘肃庄浪县西南），隗嚣大惊，即遣重兵数万进击来歙，企图夺回略阳。来歙与将士顽强坚守，使隗嚣顿兵挫锐于坚城之下，有力地牵制了隗嚣的主力。刘秀把握战机，速派吴汉、岑彭、耿弇、盖延诸将分兵进击陇山，占领高平，自己则率关东大军亲征隗嚣。所到之处，隗嚣的部队土崩瓦解，隗嚣本人败逃西城（今甘肃天水西南）。汉将吴汉、岑彭跟踪而至，兵围西城数月。隗嚣大将王元率西蜀援兵赶到，才救出隗嚣，共奔冀县（今甘肃天水西北），汉军也因粮尽撤兵。过后，隗嚣虽然重占了陇西大部，但实力已遭重创，失败乃是不可避免的事了。

建武九年正月，隗嚣在忧愤交加中病死，部下立其次子隗纯为王。刘秀采纳来歙建议，再次发兵攻打陇西。

来歙、冯异诸将领兵沿渭水西进，击破西蜀援军，进围落门（今甘肃武山东北）。至次年十月，终于攻破落门，迫降隗纯。历时四年的陇西之战宣告结束。

陇西平定后，公孙述割据的巴蜀便成为刘秀统一大业的最后一个障碍。刘秀再接再厉，决定对公孙述用兵。他针对公孙述东依三峡、北靠巴山、据险自

起义与农民运动

守的军事部署，制定了水陆并进、南北夹击、钳攻成都的作战方略。派大将岑彭、大司马吴汉率荆州诸军由长江溯江西进，命大将来歙率陇西诸军出天水，指向河池（今甘肃徽县西北），相机南进。

建武十一年（公元 35 年）春，岑彭军再克夷陵，突入江关（今四川奉节）。蜀军田戎部退出三峡，入保江州（今四川重庆）。同年六月，北路来歙军击败王元诸部，占领河池、下辨（今甘肃成县），乘胜南进。在公孙述派人暗杀了来歙的情况下，北路汉军改由马成所指挥，继续策应南路主力的行动。

岑彭军进抵江州后，见江州城坚不宜强攻，遂留冯骏监视田戎，自率主力北上，攻占平曲（今合川西北）。汉军的进展，极大地震动了公孙述，他急调王元军南下增援，集结重兵于广汉（今四川射洪南）、资中（今四川资阳北）一带，保卫成都。又命侯丹率军两万屯守寅石（四川江津境），阻击汉军，策应王元。

岑彭根据敌情变化，也适时调整了部署，分兵两路进击蜀军。一路由臧宫率领，进据平曲上游，攻打蜀军王元、延岑部；主力则由他本人率领，取道江州，溯江西上，攻占黄石，击败侯丹军。接着，倍道兼行，疾驰一千公里，攻克武阳（今四川彭山东），并出精骑闪击蜀之腹地广都（今成都南），逼近成都。与此同时，偏师臧宫溯涪江而进，袭击蜀军，歼敌万余，迫使王元部投降，延岑败逃成都。

公孙述困兽犹斗，又派人刺杀了岑彭，使汉军暂时退出武阳，但这并未能挽救其覆灭的命运。汉军人才济济，岑彭遇害，吴汉即接替他统领伐蜀诸军。建武十二年正月，吴汉进抵南安（今四川东山），在鱼腹津（今四川东山北）大

赤眉绿林起义

败蜀军，继而绕过武阳，攻取广都。其他各路汉军进展也很顺利，冯骏军攻占江州，臧宫军连克涪县（今四川绵阳东）、绵竹（今四川德阳北）、繁（今四川新都西北）、郫（今四川郫县）等城。

吴汉取广都后急于求成，率两万将卒孤军深入，直抵成都城外几公里处立营。公孙述招募敢死之士，攻打吴汉。吴汉受挫，入壁坚守，闭营三日不战，夜间突然撤走，与部下刘尚会合于江南。次日晨合力大破蜀军。此后，吴汉与公孙述交兵于广都、成都间，汉军屡战屡胜。建武十二年十一月，吴汉又与臧宫会师于成都近郊。公孙述大势尽去，遂孤注一掷，于该月十七日贸然反击汉军，派延岑击臧宫，自率数万人攻吴汉。吴汉以一部迎战蜀军，待其疲惫困顿后，指挥精兵数万突然出击，大破蜀军，公孙述负重伤身亡。次晨，势穷力竭的延岑举城投降。至此，刘秀彻底平定巴蜀，取得了统一战争的最后胜利。

作为东汉王朝统一之战的最高决策者，刘秀在战争中表现出卓越的战略应变能力和杰出的作战指挥艺术。他善于观察形势，把握战机；注意占取地利，稳固后方；重视集中兵力，由近及远，分清主次缓急，各个击破；运用军事打击和政治攻心的手段，争取盟友，分化敌对势力；重视利用人和，发现和拔擢将才，放手使用，不多掣肘，使他们充分发挥军事才能；能够适时总结经验教训，不断改进战法；善于避实击虚，奇正并用，围城打援，运动歼敌；强调连续进击，穷追猛打，不给敌人以喘息和反扑的可能。所有这一切都说明刘秀不愧为一位优秀的军事家，他芟夷群雄、一统天下，应该说是符合逻辑的归宿。

红巾军起义

　　元朝的统一，结束了唐末五代以来近四百年几个政权并存的局面，推动了各民族人民的融合。但是，在这个政权的统治下，阶级压迫和民族压迫结合在一起，各族劳动人民所遭受的苦难极其深重。各族人民为了反抗蒙古贵族的暴虐统治，从元朝建国开始，就连续不断地掀起各种形式的反抗斗争，最后终于发展成全国规模的红巾军大起义，埋葬了凶横残暴的元王朝。

一、元朝的腐朽统治和社会危机的加深

当南宋和金朝对峙的时候，活动于我国北疆草原的蒙古族势力勃然兴起。在 13 世纪初，成吉思汗统一了蒙古各部，建立了奴隶主贵族政权。成吉思汗是蒙古族杰出的领袖。他和他的继承人以强大的军事攻势，先后消灭了党项族贵族在陕西、甘肃和宁夏一带建立的西夏、女真贵族在华北和东北等地建立的金朝、契丹族贵族在新疆西部及以西地区建立的西辽，统一了我国北部边疆和黄河以北的广大地区。成吉思汗的孙子忽必烈继承汗位之后，于至元八年（1271年），以燕京为中都，后来改为大都，正式定国号为元。到了至元十六年（1279年），元军大举南征，灭掉了南宋，统一了全中国。

元朝的统一，结束了唐末五代以来近四百年几个政权并存的局面，促进了我国作为多民族统一国家的发展，推动了各民族人民的融合，进一步沟通了中外经济、文化的交流。但是，元朝政权代表的是蒙古贵族、汉族和其他各族地主阶级利益的国家机器。它虽然继续保持着中原和江南的封建生产关系，但同时也带来了不少的落后因素。在这个政权的统治下，阶级压迫和民族压迫结合在一起，各族劳动人民所遭受的苦难极其深重。我国各族人民为了反抗蒙古贵族的暴虐统治，从元朝建国开始，就连续不断地掀起各种形式的反抗斗争，最后终于发展成全国规模的红巾军大起义，埋葬了凶横残暴的元王朝。

（一）土地兼并与农民负担

元朝一代始终存在着激烈的土地兼并，蒙古族的贵族一占领中原就大肆抢占土地作为牧场。到了元朝后期，蒙古贵族从汉族地主那里学会了向农民征收地租的剥削手段，因此，对掠夺土地更为注意。他们获得土地的途径之一就是皇帝的"赐田"。这种赐田，在元世祖的时候，一般不过几百顷，个别的有赐予千顷的，如忽必烈赐撒吉思益都是田千顷。到了元朝后期，赐给千顷土地就习以为常了，甚至有赐田万顷的，像伯颜在泰定年间（1324—1327年）以前就已经赐给五千顷了，到了元顺帝至元二年（1336年）又一次赐给了五千顷。将江南膏腴地区作为赐田的情况也日益严重。元世祖的时候，赐给了郑温常州田三十顷，赐给了李平江四十顷，最多的时候能达到八十顷。这些蒙古贵族和官僚以

赐田的形式获得土地，然后就以租佃的形式对农民进行剥削。像武宗的时候，一个大臣占领江南田地二百三十顷，收租五十万左右，每亩的租粮高达四石。如此苛刻的地租，真是对农民刻骨的剥削。元朝政府还拨给官僚职田。武宗至大二年（1309年）在江西地区，三品官职田的佃户有五百到七百户，下至九品小官，还占有佃户三十到五十户，可见这些官僚对佃户的剥削非常苛刻。

另外，寺院和汉族地主对于土地的兼并也使土地变少。元朝统治者竭力利用宗教来麻痹人民。元代时全国寺院林立，僧道人数很多，到元朝后期的时候更是向恶性发展。元顺帝至元三年（1337年）嘉兴路有僧道二千七百人。仁宗延祐六年（1319年）白云宗总摄，竟然有僧人十万余人。当然，这些所谓的佃农，绝大部分是寺院大地主的佃农，由此可见当时寺院势力的猖獗。元朝政府将大量的土地拨给寺院，数字非常惊人，如元顺帝给大承天护圣寺拨了山东土地十六万两千余顷。除了由元政府拨给的赐田外，这些寺院大地主更是贪得无厌地自己兼并，如上面所说的那个白云宗总摄沈明仁抢夺民田两万顷。成宗大德三年（1299年）据当时的中书省统计，江南寺院的佃户就有五十余万。

除了上面所说的蒙古贵族官僚以及寺院大肆兼并土地以外，一般汉族地主也不甘落后。江南有很多富有的大户侵占民田，以至于贫穷的百姓流离失所。有钱的大户奴役农民的，一般的有三千家，多时能达到万家。元朝刚建立的时候，松江有一个大姓，每年向朝廷进献米万石。这就形成了大家能收粟米达到数百万斛，而小民则没有藏身的地方，于是就形成了"贫者愈贫，富者愈富"，两极分化越来越严重。

最后，农民的负担更加沉重也是激发矛盾的一个很重要的原因。在蒙古贵

族、官僚、寺院和地主掀起的兼并风暴中，很多农民都失去了土地，成为租种地主土地的佃农。江南的许多佃农，大部分都没有了田产，都在富农家中做佃农，能分收一些粮食，作为每年的收获。他们在元朝政府和地主阶级的残酷压迫剥削之下，生活异常艰难困苦，每到青黄不接或者水旱的时候，就只好向地主、商人借高利贷，等到秋季收成的时候，辛苦一年所得的粮食，除了田主分去的之外，剩下的所有都用来还债。在这种情况下，甚至有人用人口和物件进行抵押，在外面进行逃避，使田地都荒芜了。农民除了要向地主缴纳地租之外，还要负担元朝政府的赋税。当时的赋税是"日增月益"，一直都在增加。到天历年间（1328—1329年），比至元（1264—1294年）、大德（1297—1307年）的时候增加了二十倍。有一种叫作包银的捐税，竟然规定每家要纳银子四两，二两是银子，二两是折收丝、绢和其他物品的折色银。在实际征收的过程中，地方官征收的时候往往要额外多收一些，如江西饶州要多十倍。在江南，佃户的人身依附性很强，有的地区地主可以把佃户和土地一起出卖，叫作"随田佃客"。元朝法律规定，地主殴打佃户致死，打一百七十杖，征收烧埋银子五十两。这就从法律上保障了地主可以随意杀死佃户而不必偿命。处在这样的水深火热之中，人民很难生活下去，更不用说生活得幸福。

（二）民族压迫政策

蒙古统治者为了巩固他们的政权，为了紧紧地控制人数上远比蒙古族多的汉族和其他民族的人民，实行了严厉的民族分化和民族压迫政策。蒙古统治者不许蒙古族汉化，不许他们互相通婚，使蒙古族保持他们特有的风俗习惯。并且禁止汉人、南人学习蒙古、色目的文字，人为地造成蒙汉两族的民族隔阂。元朝的统治者还把全国分成四等人。第一等是蒙古人；第二等是色目人，包括西夏人、维吾尔人和中亚、欧洲的各族人民，也就是我们所熟知的西域人；第

三等是汉人，包括原来金朝统治下的汉人、契丹人、女真人、高丽人等等；第四等是南人，即南宋统治下的汉人以及当地各少数民族的人民。元朝统治者对这四等人的待遇各不相同。蒙古人是最上等的人，待

遇也是最好的。其次是色目人，蒙古贵族利用他们来监视和协助统治汉人、南人。南人的地位最低，也最受歧视和压迫。名义上汉人的地位要稍微高于南人，其实他们受歧视和压迫的情况和南人也没有什么区别。蒙古统治者在实行民族压迫措施的时候，往往把汉人和南人放在一起而不加区分。这样的"四种人"的民族歧视和压迫的政策，元朝自始至终都贯彻实行着，贯彻到政治、经济、军事和文化的各个方面，而且到后面是越来越严厉。在元初忽必烈的时候，蒙古统治者为

了笼络汉族地主，还有少数汉人担任中书省左右丞相的官员。元世祖以后，蒙古统治者以为天下已经得到，中央省、台、院的长官就没有汉人的份了。在至正六年（1346 年）的时候，元顺帝任命贺惟一做御史大夫，但贺惟一因为以前的这个规定，不是国姓不可以做，便辞去而不敢做。元顺帝于是赐他蒙古姓，又改名为太平，这样的情况下他才上任。至于南人一直被排斥在中央省、台、院的官僚机构之外，"自世祖以后，南人斥不用"。直到元顺帝至正十二年（1352 年），由于农民起义的不断发生，元朝统治者为了收买人心，让南人可以任省、台之类的官，还任命贡师泰、周伯琦两人为监察御史，但也不过是不起什么作用的七品小官。地方行省平章政事等官，平德的时候，虽然有非常有才华的汉人，也不允许他们参与。一般汉人官僚可以做到行省以下的路府州县的"总管"，但蒙古统治者也仍然要设法进行牵制，副总管之列的官衔，往往由色目人担任。同时，元朝统治者又设了"达鲁花赤"的监临官，它必须由蒙古人或者色目人充当，汉人是不被允许的。而总管和同知都要受到达鲁花赤的指挥，成为实际上最高的长官。元朝的法律也充分反映了民族歧视和压迫，它对蒙汉两族很不平等。汉人犯法由刑部审理，但蒙古、色目人犯法，刑部不得过问，由大宗正府来审理。这就是说，蒙古人除了得到法律明文规定的庇护以外，还受到大宗正府这一特别法庭的保护。汉人、南人犯盗窃案要在臂上刺字，而蒙古、色目人免刺。更为不公平的是，刑法上竟然有这样的规定："诸蒙古人与汉人争，殴汉人，汉人勿还报，许诉于有司。"这样用法律来捆住汉人的手脚，任凭蒙古贵族、地主的宰割。甚至所谓蒙古人因为争吵乘着喝醉殴死汉人的人，

只是罚出征，给点烧埋钱就了事。在科举和学校方面，元朝政府根据"四等人"的标准，对汉人和南人实行严格的限制。如在科举考试中，汉人的试题难、要求高、名额少。实际上，汉人和南人的人口总数要远远超过蒙古、色目人，但元朝统治者却规定会试时，"取中选者一百人，蒙古、色目、汉人、南人分卷考试，各二十五人"。学校录取的情况也与此类似。如仁宗延祐二年（1315年）的京师蒙古国子学，一共有生员一百人，其中蒙古五十人，色目二十人，汉人三十人。在科举中选或者学校毕业授予官职的时候，往往分配给汉人、南人以最低劣的职位。蒙古贵族和上层色目人还可以通过"怯薛"出身出入官场。"怯薛"就是宫廷的禁军宿卫，蒙古贵族子弟往往通过宿卫爬上显赫的地位，经常被提拔。元末的时候常有不识一字却得到高官厚禄的蒙古少年，而一批汉人穷秀才则是每天对着书孜孜不倦地读着，结果却是"年年去射策，临老犹儒冠"。时人王祎对汉族地主阶级知识分子所处的穷困境地和难以入仕的状况，一再发出愤愤不平的慨叹，说："士生今时，欲以所学自见，亦何其难也。"蒙古统治者为了防止汉族人民的反抗，不断下令没收汉人、南人的武器，把坏的销毁，比较好的交给色目人用来监视汉人，精良的武器收放到武器库中，以备蒙古人使用，甚至规定汉人、南人不得手持寸铁。

蒙古统治者推行的民族歧视、压迫政策，主要还是针对广大汉族劳动人民的。至于一般汉族地主阶级，虽然在仕途上遭到了一些排挤和打击，但他们和蒙古贵族的基本阶级利益是一致的，因此元朝政府对汉族地主压迫和剥削农民的阶级利益处处维护，丝毫不加抑制。所以，元朝时期，汉族地主仍能肆无忌惮地进行土地兼并。

同时，元朝政府虽然竭力提高蒙古族的政治地位，在经济上也大力扶植，但在这些政策中得到实际利益的，也还是蒙古贵族阶层和蒙古族中的上层分子，至于一般蒙古族中的广大贫苦人民，在繁重的军役和蒙古贵族的压迫剥削下，仍过着艰难困苦的生活，尤其是在遇到旱灾和大风雪等自然灾害的时候，他们衣食无着，冻饿而死。明宗至顺二年（1331年），兴和路蒙古民户一万一千余户，因为大雪，牲畜都被冻死。仁宗延祐七年（1320年），和林的民众饿死的大约有三千余人。所以，在草原上的蒙古人民往往大批逃往大都、上都和陕西等地。武宗至大元年（1308 年），来到大都的贫民有八十六万八千户。宁宗至顺元年（1332 年），蒙古居民流离到陕西的有四百六十七户。这些大批逃荒到内地的蒙古贫民，往往把自己的子孙卖为奴仆，《元史》上关于这方面的记载很多。元朝政府对待这些蒙古贫民同样采取镇压政策，严禁他们离开自己的住所，违者斩首。无论是哪个民族来统治，受苦的终究是广大人民。

（三） 矛盾的激化与政治的腐朽

元朝从中统元年（1260 年）忽必烈称帝，到至正二十八年（1368 年）元顺帝被朱元璋赶出大都（北京），前后历时一百零八年。忽必烈于至元三十一年（1294 年）病死，他一共做了三十四年的皇帝，这是元朝的全盛时期。从忽必烈死后到元顺帝妥懽帖睦尔即位（1333 年），四十年间换了十个皇帝，平均每四年就要换一个皇帝。其中从致和元年（1328 年）到元统元年（1333 年）更是年年换皇帝，六年中换了五个皇帝。他们都是在皇室贵族间通过互相残杀而上台的，为了夺取皇位，出演了一场场父子、兄弟相争的丑剧。蒙古贵族的大臣们也都分成了派别，投靠他们各自的主子，参加这一争斗。如武宗、仁宗、泰定帝及文宗，都是蒙古贵族大臣们拥立的。在纷争中得势的君臣们，根本不管社会生产和国家政事，只知道搜刮民财以供他们挥霍，奢侈腐化成为一种风气。如成宗死后，武宗海山抢到皇帝的宝座，于是就对拥护他的一些贵族、大臣予以赏赐，弄得国库虚弱。他在成宗大德十一年（1307 年）五月即位，到八月，只有三个月的时间，赏赐"钞总三百五十万锭"，弄得两都的储蓄都已经很少了。当时一年的赋税的额度是四百万锭，除了各省备用之外，入京师的是二百八十万锭。到了至大四年（1312 年）武宗死后，仁宗即位，又大肆进行赏赐，财政费用成倍增长，亏空也慢慢增加。

元朝末年，政治腐败，贪官贿赂的风气非常盛行。政府公开卖官鬻爵，给

红巾军起义

官位定了很高的价钱。官吏搜刮钱财的花样更是名目繁多，办事的每一步都需要钱来进行。人情钱、论诉钱都是必不可少的。元朝政府任用的一些蒙古官吏，很多都是不学无术的人，有的甚至根本不认识汉字，要题判署事，或者写日子，七字的钩不从右转而是从左转，成为当时的一个笑话。蒙古军队到了元末，也十分的腐化，部队的将领多由蒙古贵族世袭，只知道贪图享受，沉溺于酒色。顺帝时的张祯，当农民起义军毛贵攻到山下的时候，他上诉皇上，当他讲到元朝政府及统军将帅的腐败情况的时候说："臣调兵六年，没有纪律可言，也没有可以规劝的余地，将帅失败了还去请功，把虚的说成是实的，性情不一样，可邀功请赏却是相同。都是些没有才能、残暴、胆怯、贪婪的人，但是从来没有惩罚过。所到之处，鸡犬和财货都被掠去。到了上面给自己说话，反倒说是打败敌人的收获，还要更高的赏赐。这样的政府，这样的将帅，自然不能统兵作战，反而只能去残害人民。"

蒙古统治者为了麻痹人民，大肆宣传宗教迷信思想，耗费人力物力来修筑寺院和"作佛事"，到了后期更是有增无减。英宗为了建造寿安山寺，用钱不计其数，建寺的人有七千人，冶炼铜五十万斤，给寿安山寺作佛像。后期统治者骄奢淫逸，肆意地挥霍浪费，造成国库虚竭，财政非常困难。于是元朝政府除了加重赋税以外，又用滥发纸币的办法来剥削人民，使得币制混乱，形成恶性的通货膨胀，人民的生活更加困难。

由于统治者不关心生产，也不组织防灾抗灾，使得水、旱、蝗灾以及疫病不断发生，由小灾变成大灾。从泰定元年（1324 年）开始到 1368 年元朝灭亡，在这四十多年的时间中，关于天灾的记载屡见不鲜。

以上情况说明，元朝统治一直处于尖锐的阶级矛盾和民族矛盾之中。各族人民的反抗，先后达到了数百次之多。元顺帝上台以后，各族人民的反抗斗争蓬勃开展起来。为了维护统治，元朝政府下达各种禁令，加强军事控制。蒙古贵族伯颜建议：杀尽张、王、刘、李、赵五姓汉人，以此手段镇压人民的反抗。

二、大起义的爆发

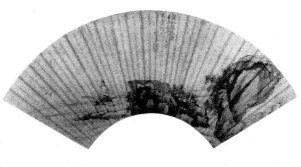

人祸、天灾，造成了元末的经济残破，民不聊生。但元朝统治者却仍然醉生梦死地过着骄奢淫逸的生活。广大劳动人民已经无法再照旧生活下去了，于是民怨沸腾。当时，人们往往借用一些自然现象，编造出短小生动的民谣来表达自己的政治心愿。像河北民谣："塔儿黑，北人做主南是客；塔儿红，朱衣人做主人公。"在河南有民谣："天雨线，民起怨，中原地，事必变。"这些民谣，很明显是反对元朝统治的，它符合当时广大人民的愿望，所以出现以后，就广为流传，鼓舞人心。浙江温州和台州地区的人民，由于受不了地主阶级和元朝统治者的残酷压迫和剥削，直接在村边竖起造反的大旗，旗上写着："天高皇帝远，民少相公多；一日三遍打，不反待若何！"这已经成为全国人民的一个共同的愿望。

（一）龙凤政权的建立

元末红巾军大起义，最初的组织者和领导者是韩山童和刘福通。他们是利用宣传白莲教进行组织活动的。

白莲教又称白莲会，它是自东汉以来，在各个历史时期中不断吸收佛教、道教某些教派的教义，最后与摩尼教合流而成的。南宋时候出现了白莲教这个名称，到了元代流传更盛。由于流传地区和师承不同，他们分成了若干支派。起初，元朝政府曾明令保护白莲教，随着阶级斗争的深入，元朝政府害怕白莲教被群众利用，便加以取缔。但白莲教仍在民间流行。韩山童是北方白莲教的首领之一。他的祖父是白莲教主，被元朝政府以"烧香惑众"的罪名驱逐到永年（今河北邯郸市东北）。到韩山童时，秘密结社有了很大发展，白莲教的活动十分活跃。韩山童、刘福通就利用它作为发动群众的工具，为起义做准备。刘福通宣称韩山童是宋徽宗的八代孙，河南和江淮的人们都相信，贫苦农民中相信的人也很多，都随着他们去参加起义。

红巾军起义

51

起义与农民运动

元朝末年，水旱灾害不断发生。至正四年（1344年），黄河三次决口，洪水淹没了很多州府，出现了大量的饥民。到至正十一年（1351年）四月，元朝政府任命工部尚书贾鲁为总治河防使，强迫征求十五万的民夫修治黄河，又以两万士兵作为监工，更加加重了灾区人民的负担。而治河官又贪污、克扣治河的钱财，要治河的民工自己带干粮，激起了民工的极大不满。韩山童、刘福通等人抓住了这一机会，在民工中宣扬"弥勒佛下生""明王出世"，天下就要大乱。一天，民工们突然挖出了一个石头刻的人。这个石人长得很特别，只有一只眼睛，更奇怪的是，背部竟然刻着一行字："莫道石人一只眼，此物一出天下反！"民工们奔走相告，这个消息就像长上了翅膀一样，很快传遍了黄河两岸，人们认为这是老天爷叫他们起来造反。他们本来早就想反抗元朝，现在竟然天意也叫他们造反，这个时候不造反更待何时？正当韩山童在河北永年准备起义的时候，有人走漏了消息，韩山童被杀。他的妻子和儿子韩林儿逃到武安山避难。刘福通聚集了部分起义群众组织农民起义军，并且出其不意，在这年的五月迅速攻占了颍州，占领了元朝囤粮的地点，获得了大批粮食，散发给贫苦农民，壮大了起义队伍。接着又攻下了罗山、上蔡、真阳、确山。到了九月又攻下了汝宁府和光、息等县。起义军每到一地，便杀掉元朝的贪官，开仓救济贫民，对百姓不杀不淫，毫不侵犯，因此得到了人民的热烈拥护，队伍迅速发展到十多万人。

起义军因为都头包红布，所以叫作红巾军。又因为这些起义军多数信仰白莲教和弥勒教，烧香拜佛，因此又叫作香军。红巾军是元末农民大起义的主力和中坚力量，人数最多，组织也最严密，贡献最大，因而元末农民大起义又叫作红巾军起义。

红巾军占领颍州之后，元朝廷派枢密院同知（主管军事的中央机构的副长官）赫斯虎赤率领六千名阿速军（由色目人中的阿速人组成）和各路汉军前去镇压。阿速军原来以精悍出名，特别善于骑马、射箭，但这个时候他们过惯了舒适的生活，只知道乘机抢掠，早就丧失了战斗力，而赫斯虎赤等人只顾自己喝酒，寻欢作乐，

52

根本没有心思去打仗。当赫斯虎赤率领兵马和红巾军对峙的时候，看见红巾军人多势众，就吓得连连扬鞭高呼："阿布（跑）！阿布！"并带头一溜烟地逃跑了。主将一逃，士兵们也纷纷溃散。元顺帝为了消除红巾军这个心腹大患，九月，派御史大夫（中央监察机构的长官）兼知枢密院事（枢密院长官）也先帖木儿和卫王宽彻哥率领卫兵十几万人前往镇压；1352年2月，又增派逯鲁曾、月阔察儿、赫斯虎赤等军。1351年12

月，也先帖木儿攻陷了上蔡（今属河南），起义军最早的领导人之一韩咬儿不幸被捕牺牲。1352年3月，元军打下汝宁，元将巩卜班率数万侍卫和蒙汉军驻在汝宁沙河岸，他们为暂时的胜利所陶醉，日夜饮酒作乐。刘福通乘他们不备，偷袭元营，巩卜班被打死，元军溃散。同时，逯鲁曾、月阔察儿、赫斯虎赤三路会攻徐州，受红巾军截击，也相继溃散。巩卜班的下场使也先帖木儿及其部下吓破了胆，他们日夜提心吊胆、疑神疑鬼。有一天晚上，士兵突然叫起来，也先帖木儿以为刘福通又来偷袭了，吓得丢弃军辎粮草，立刻上马逃命，几万人的大军直奔向汴梁逃窜。闰三月，也先帖木儿逃到朱仙镇，元顺帝听说后，一气之下把也先帖木儿撤职查办。可见元朝军队的腐败与无能。

刘福通的农民起义军几次打退了元朝军队的进攻，队伍得到了壮大，立足点稳固下来。至正十五年（1355年）二月，刘福通找到了韩林儿，把他迎到了亳州，立为皇帝，号小明王，国号大宋，建元龙凤。又以林儿的母亲杨氏为皇太后，杜遵道、盛文郁、罗文素为平章政事，刘福通的弟弟刘六知为枢密院院事，于是和元朝相对立的农民政权比较完备地建立起来了。

（二）天完政权的建立

在刘福通领导的汝、颍红巾军的影响下，原在袁州发动过起义的彭莹玉，在至正十一年（1351年）八月，又与徐寿辉、邹普胜在蕲州发动起义。后来因为家乡有疾疫的发生，彭莹玉以清泉的水为人民治病，患病的人都被治愈了，把他奉为神一样看待。袁州起义失败之后，他就逃避到淮西，淮西的人民争先庇护他。徐寿辉，蕲州罗田县人，以前是一个卖布的。邹普胜是黄州麻城人，之前是一个铁工，自从彭莹玉在袁州起义失败后，他继续宣传"弥勒佛下生，当为世主"的造反舆论。于是，他们共同推选徐寿辉为首领，聚集群众进行起义，以洪金为号令。他们起义后的第二个月，就占领了蕲水县以及黄州路。十月的时候，徐寿辉以蕲水为都城称帝，国号天完，建立治平政权，以邹普胜为太师。当时南方人民在元朝政府和地主阶级压迫剥削下，都知道形势有所变化，所以徐寿辉所到的各个地方，都得到了人民的拥护，发展很迅速。所以起义不到半年，在至正十二年（1352年）正月，就攻占了湖广行省的首府武昌，接着起义军又分几路向外扩展。起义军所到的地方，元朝的官军大多不能够与他们进行抗衡，狼狈逃跑。而广大贫苦农民则纷纷参加起义军，至正十二年（1352年）三月，徐寿辉的起义军到达江西饶州地区的时候，就有几万人参加了起义军，声势十分浩大。起义军纪律严明，至元十二年（1352年）七月，攻下杭州的时候，不杀不淫，也不强制人民去当兵，只是把投降的人记在名单上。但是对于从元朝政府搜刮来的政府财物，加以没收，深受杭州人民的拥护。而元朝的官员，当起义军进城的时候，狼狈逃窜，等到起义军退走的时候，却又耀武扬威地进入杭州，焚烧城池，残暴不堪。

徐寿辉所领导的红巾军，还推行了剥夺富家、救济贫民的政策。至元十二年（1352年），江西宜黄一路涂佑所率的起义军进入了福建，和另一支起义军共同攻占了邵武，他们提出了"摧富益贫"的口号，号召人们起来造反。他们没收地主阶级的财物来救济贫民，有的地主逃跑了，起义军就跟踪到山谷中去搜索。"摧富益贫"的政策受到贫苦人民的热烈拥护，十多天之内就聚集了几万的群众。

面对着农民起义军杀掠有钱人的威胁，地主阶级自然不会放弃自己的阶级

利益，他们要做拼死的挣扎，不少地主分子纷纷组织反动的地主武装来反抗农民起义军，如江西、四川、徽州等地区，他们对农民起义军的冲击非常大。元朝政府认识到地主武装可以利用，因此，竭力扩充所谓的"民兵"或者"义兵"。这些地主

武装在当时成为农民起义军的死敌，而对于元朝政府来说，在官军不堪一击的情况下，他们又成为了延长生命的兴奋剂。

在元末农民大起义的初级阶段，徐寿辉等人所领导的蕲黄红巾军，起了极为重要的作用，他们发展得很快，声势也很大。因此，当时元朝的军事重点就放在对付蕲黄的红巾军上。至正十二年（1352年），元朝政府任命四川行省派兵向东进攻荆襄地区，命令江西行省派兵守住江东西关隘，对蕲黄红巾军形成了围剿的态势。这些部队在元朝军队中是比较能够作战的，大多是通过招募民兵的形式组织起来的。

徐寿辉领导的红巾军起义之后，开始进行得比较顺利，但是后来由于遇到了地主武装和元朝军队的抵抗，双方展开了激烈的争夺战，在湖广、江西、江浙等一些战略要地，进行了反复的争夺，战斗打得十分激烈。起义军重要的首领彭莹玉和项普都在战斗中牺牲。到了至正十三年（1353年）五月，元军由信州和徽州两路进军攻陷了饶州后，就逐渐地向蕲水逼近。六月，攻陷了蕲水西北方的安陆。七月湖北行省的参知政事攻陷了武昌及汉阳。之后，江西的左丞攻陷了蕲水正南方的瑞州。元军从四面八方进逼，终于在至正十三年（1353年）十二月，元朝政府会和军队，攻陷了蕲水。起义军遭到了失败之后，退避到了新的地区，坚持斗争。

元军对蕲黄红巾军的围剿，到至元十三年（1353年）十二月攻陷蕲水为顶点，以后元军没有能组织更大的军事力量来消灭他们。这是因为当时在高邮的张士诚，在至正十四年（1354年）正月自称为诚王，国号大周。在这个时候汝颍的红巾军也在同年五月进攻庐州。这两处起义部队的行动，支援了蕲黄红巾军，使元朝政府不得不把注意力转向两淮地区。元朝政府在至正十四年（1354

年）二月，命湖广行省平章政事为淮南行省平章政事，进攻高邮。又把答失八都鲁、阿儿灰等部军队调来汝宁和庐州。到至正十四年（1354年）十二月，张士诚在高邮城下打败元军。徐寿辉领导的蕲黄红巾军在这一胜利形势的鼓舞下，再次兴起，大举出击。后来徐寿辉的部将又攻下了襄阳、中兴路、武昌、汉阳、饶州等地。到至正十七年（1357年）的时候，又攻下了巴蜀地区。天完政权又重新壮大了起来，在中央设有丞相、平章等官职，以倪文俊为丞相，并且设有中书省和六部。在军制方面，设立统军元帅府管理军队，在地方设有行省等等，一系列管理的措施都实行了。

（三）李二、赵均用、彭大红巾军起义

刘福通在颍州发动起义后，各地人民群众都深受鼓舞，纷纷起兵响应。北方地区主要有"芝麻李"在徐州起义，声势较为浩大。

芝麻李原名李二，是邳州（现属江苏省）人。黄河泛滥之后，他的家乡发生了饥荒，他虽然财产不多，但也慷慨地把仅有的一仓芝麻拿出来救济饥民，因此名声很大，大家都亲切地叫他"芝麻李"。刘福通起义后，芝麻李认为元朝不久就要灭亡，于是便和邻居赵均用商量说："如今朝廷不顾百姓的死活，强迫修治黄河，弄得大家贫困不堪，没有活路。我听说颍州有个香军起义，官府拿他没有办法。作为一个男子汉大丈夫，生在当今，就应该有一番作为。"赵均

用同意他的看法。赵均用是当地的一个社长，人们都比较熟悉，说："据我所知，樵夫彭大，勇悍而有胆略，没有他，是不能起兵的。我愿意替你去请他。"说完，赵均用便去找彭大，一进他家门，只看见彭大正在磨斧。赵均用问："你磨斧做什么？"彭大说："我天天等待官府的救济，到如今一点也没有，只好磨斧去砍柴，进城换点米渡过饥荒。"说完叹气道："官府实在信不得！"赵均用一听，马上接着说："你如果能够和我一起起义，我们就不再受官府的压迫，就能够过上好生活。"于是，芝麻李、赵均用、彭大等八个人，歃血为盟，并仔

起义与农民运动

细商量了起义的计划。

至正十一年（1351年）八月十日，他们八个人分成了两组：一组四个人化装成治河的民工，进入了徐州城；另一组四个人留在了城外。到半夜四更的时候，城里面的四个人点起火，呐喊起来，城外的四人也点起四把火，大声呼喊。静悄悄的城里立刻大乱，城里的四人乘乱夺取了守城官兵的武器，乱杀乱砍，并打开了城门，让城外四人进来。城里的元军受到这个突然的袭击，各个都手足无措，只好乖乖地从命。芝麻李等只用八个人，就夺取了徐州城。第二日天亮之后，他们招募百姓参加起义军。队伍很快就发展到十万人，连续攻下徐州附近的州县和安徽境内不少地方。

同时起义的还有布王三，他原名王权，是一个布贩子，所以人们叫他"布王三"。他联合张椿等人占领了邓州、南阳，叫作"北锁红军"。孟海马，叫作"南锁红军"，攻陷了房、归、均、峡、荆门等州。

当时，元朝几次派兵镇压刘福通都遭到惨败，以后就改变策略，重点进攻刘福通的两侧，就是芝麻李和布王三、孟海马领导的红巾军。

元朝派逯鲁曾到徐州镇压芝麻李，由于兵力不足，他招募了两淮的三万盐丁，组成了一支"黄军"，包围了徐州城。这时脱脱看到徐州唾手可得，为了争得战功，也亲自率兵攻打徐州。后来徐州城破，元军进行了惨无人道的大屠杀，"芝麻李"不幸被捕，光荣牺牲。他领导的红巾军虽然受到挫折，但其他各支起义军仍如火如荼地发展着。

红巾军起义

三、张士诚和方国珍起义

在元末农民起义军中，除了红巾军之外，还有一些不信白莲教和弥勒教、不用红布包头的队伍。他们当中，方国珍、张士诚两支队伍人数最多。

（一）大周政权的建立

张士诚，小名九四，江苏泰州人。有弟兄三人，他们贩盐卖给了有钱的人，但往往遭到侮辱，更有的买了盐不给钱。红巾军起义爆发之后，张士诚及张士义等十八人和一些大盐商，率领一些贫苦的盐民进行起义。他们在丁溪击溃汉族地主刘子仁的"义兵"，乘胜进攻泰州，但张士义中箭身亡。张士诚联络王克柔的余众，打下了泰州，队伍发展到一万多人。1354年正月，张士诚自称诚王，在高邮建立了政权，国号大周，年号天佑。六月，张士诚率兵进攻扬州，打败了当时守卫扬州的元军。高邮原来是属于河南江北行省扬州路管辖，后来因为汝颖、蕲黄两地红巾军的两淮起义，元朝政府为了加强两淮地区的统治，把淮南的江北行省立在了扬州。张士诚占领高邮之后，南北的运道梗塞，这就使仰赖江南赋税供应的元朝政府十分恐慌。当张士诚刚起事攻下泰州的时候，

元朝淮南行省就派遣军队去镇压，镇压不得手，就派高邮知府李齐去招降，张士诚杀了李齐和淮南江北行省参知政事赵琏，拒绝投降。

至正十四年（1354年）九月，元朝政府派遣中书右丞相脱脱总领各路军马前来镇压，甚至连西域、西番也来发兵相助。旌旗千里飘飘，战鼓雷鸣，这样大的气势，以前从未有过。同时，南方的不少地主武装也积极参加了这次围剿。如浙江东部的地主戴国彬，浙江西部的地主也连夜聚集出动。但是张士诚的军队面对强敌，毫不气馁，英勇地去反抗，固守高邮城，使得元军在高邮城之外，一筹莫展。为了敷衍元顺

帝，脱脱接受了部将董抟霄的建议，先攻打比较容易攻打的地方，于是分兵攻陷了天长、六合，但高邮却仍久攻不下。这个时候，脱脱的政敌哈麻与别人勾结，向顺帝献媚，取得顺帝的欢心，并在顺帝的面前不断地攻击脱脱。元顺帝以浪费朝廷财费三个月，却没有什么实际性的进展的罪名，剥夺了脱脱的官爵和兵权。哈麻又怕脱脱不奉行诏旨，因此在他发出诏旨

之前，派人先到军中，告诉他们说："诏书且至，不即散者当族诛。"所以诏书一到军中，大军数百万，一时之间，都向四面八方散去了。即使那些不散没有依附的人，也大部分跟随了张士诚的红巾军了。张士诚的起义军趁着这个形势，把元军打败。

高邮战役是元末农民战争中一次重要的战役，从此以后，元兵很难再重新振作起来。而农民起义军则是走向了一个新的高潮。在北方，刘福通领导的红巾军拥立韩林儿为皇帝，分兵三路，进行北伐。在南方，徐寿辉领导的红巾军则立即反攻，很快重新攻占了湖广、江西等大部分地区。而朱元璋和张士诚则先后渡江占领了浙东、浙西的大片领土。

（二）方国珍起义及降元

方国珍，浙江台州黄岩人，贩盐、航海出身。他的父亲是一个佃户，他看不惯父亲对田主那种恭维的样子，就问他的父亲："田主也是人呢，为什么我们要对他如此的恭敬呢？"至正八年（1348 年），方国珍在周围造反情绪的影响下，与兄弟等数千人起义。他们夺得了元朝政府的运粮船只，在浙江沿海活动，阻断了元朝漕粮北运的海道。元朝政府立即派江浙行省参政朵儿只班舟师前去镇压。方国珍在福州的五虎门海面打败了元军，俘获了朵儿只班。但方国珍的意志不是很坚定，竟然通过朵儿只班和元朝疏通，接受了元朝政府的招降，做了庆元定海尉的官。方国珍回到自己的家乡，招兵买马，势力越来越大。以后，方国珍一次又一次要挟元朝给他加官晋爵，双方讨价还价，他有时反元，有时降元。

四、韩林儿、刘福通红巾军的北伐

　　韩林儿和刘福通在至正十五年（1355 年）在亳州建立了宋政权以后，当时分散在中原各地的红巾军，大部分都接受他的领导，因为这些首领大多是韩山童传教时的"门弟子"。当时在滁阳地区的郭子兴的红巾军，也接受龙凤政权的领导。于是刘福通就积极向元朝统治地区进军。这个时候元朝政府除了原有的几支主要部队以外，又增添了几股地主反动武装，尤其是察罕帖木儿成为地主武装中最凶悍的一支。

　　察罕帖木儿的曾祖父阔阔台投靠蒙古贵族当军官，在元朝初年随元军来到河南。后来，他的祖父和父亲就在河南定居下来，于是就成为安徽林泉县人。察罕家庭汉化比较深，察罕从小就喜好汉学，曾经参加进士考试。他看到红巾军不断攻占江淮郡县，而朝廷征兵进行征讨，但是没有成功，于是怀着地主阶级对农民军的仇恨心理，至正十二年（1352 年）在他的家乡组织了一支地主武装。他与沈丘罗山典史李思齐合兵，袭破罗山。于是元朝政府就授予察罕为汝宁府达鲁花赤，李思齐为知府，各地流亡的地主都纷纷来到这，在沈丘成一军。这一支地主武装和元朝其他的几支部队，成了龙凤政权的死敌，对中原地区的红巾军起了极大的破坏作用。

　　到了至正十五年（1355 年）六月，刘福通率领大军打败河南行省平章答失八都鲁的部队，迫使答失八都鲁收兵，驻扎在中牟。九月，起义军跟踪到中牟，又给答失八都鲁以狠狠的打击，后来答失八都鲁与他的父亲失散。这一年，农民起义军连续攻下了开封以南的许多郡县。察罕帖木儿扼守虎牢，防止起义军过河。十二月，元朝政府又征兵，加强了答失八都鲁的军事力量，而刘福通在两次获胜的骄傲情绪之下，放松了警惕，结果败给了答失八都鲁，被迫撤出了

起义与农民运动

亳州，退到了安丰。在安丰，农民起义军整顿了队伍，但是没有多长时间，官兵又开始猖獗起来，起义军被逼分道进行活动。李武、崔德所率领的起义军，一路上风驰电掣，到至正十六年（1356年）九月攻破了军事重镇潼关，杀了参知政事述律杰。至正十七年（1357年），刘福通派遣毛贵率领一支农民起义军向山东进军。毛贵进军神速，二月攻下了胶州，三月攻下了莱州、益都和滨州。

至正十七年六月，刘福通亲自率大军进攻汴梁，就是现在的河南开封，并分军三路进行北伐：中路由关先生、破头潘、冯长舅、沙刘二以及王士诚等率领攻向山西、河北；西路由白不信、大刀敖和李喜喜率领攻向关中；东路由毛贵向北进攻，直指大都。他们在军旗上写着豪言壮语，表示了农民起义军气壮山河、势必推翻元朝统治者的决心。

关先生等人所率领的中路军，是为了配合毛贵的东路军攻取大都的。至正十七年（1357年）九月，中路军越过太行山，攻克了山西的陵川。九月，占领了山西长治，然后进攻重镇山西太原。因为察罕帖木儿在这一带驻有重兵，红巾军又退入太行山。至正十八年（1358年）二月，毛贵派遣部将王士诚继续从益都出兵，进攻怀庆路，杀了这个路的总管王得贞。六月，王士诚又攻占了现在的山西临汾。十月，关先生从定州向西，占领大同，又向北进攻兴和等路。十二月，关先生、破头潘攻克了元朝的上都，焚毁了皇宫，烧了鲁王府。又夺取了辽阳行省所在地的辽阳路，大败元朝左丞相太平的儿子也先忽都。后来，

红巾军起义

中路军进军高丽，就是现在的朝鲜，在高丽大约三年的时间，到至正二十二年（1362年）初，红巾军被亲向元朝的高丽军大败，关先生战死，剩下的人在破头潘的领导下退守到辽阳。四月，破头潘在辽阳被俘。另外，在至正二十年（1360年），由汤通、周成率领的一支中路军曾经攻下大宁路，后来也被元朝的将领很快打败，汤通、周成牺牲。到至正二十二年（1362年）四月，北伐的中路军完全失败了。

进攻陕西的西路军最初是由李武、崔德领导的。他们攻克平陆、安邑之后，察罕帖木儿很快追来，红巾军战败，队伍溃散。至正十七年（1357年），李武、崔德又重新组织一支红巾军，突然从襄樊出兵占领了商州，进攻武关。二月，又夺取了七盘，进据陕西的蓝田，逼近陕西行省首府奉元路。同时分兵攻克了陕西的许多州。元朝政府不得不令察罕帖木儿、李思齐从陕州、潼关进攻陕西红巾军。由于这些元军已经赶到，李武、崔德只好放弃进攻奉元路的计划。六月，刘福通派白不信、大刀敖、李喜喜增援李武、崔德。他们进入陕西后，夺取兴元路，占领了秦陇地区，进攻甘肃的陇西。十月，西路军进攻陕西的凤翔，察罕帖木儿率军队进行救援，红巾军失利。至正十八年（1358年）四月，一部分西路军在李喜喜率领下进入四川，叫作"青巾"。后来青巾被徐寿辉部将明玉珍赶走，李喜喜只好率领部下到达武昌，投奔陈友谅。留在陕西、甘肃、宁夏一带的李武、崔德，曾经在至正十九年（1359年）四月攻占宁夏路（宁夏银川）、灵州（今宁夏灵武南）等地。至正二十一年（1361年）五月，李武、崔德被李思齐打败。因此，北伐的西路军到此就完全失败了。

毛贵所率领的东路军是北伐的主力，是为了攻取大都的。他们占领山东的胶州、莱州、般阳、益都、滨州等地之后，元朝统治集团惊恐万分，马上命令湖广行省左丞相泰不花、知枢密院事等人出兵堵截毛贵。至正十七年（1357年）七月，镇守黄河的元朝义兵万户田丰，也来响应毛贵的起义，攻占济宁路，不久被另一元朝义兵万户孟本周夺取，田丰被迫转战到山东济宁、临城一带，

后来又夺回了济宁路。当年冬天，在山东惠民的元朝义兵千户余宝也杀死知枢密院事，宣布起义。当时，元朝派到山东镇压农民起义的元军总指挥太尉，一直躲藏在山东的聊

城，不敢去出战。至正十八年（1358年）正月，田丰攻陷南北漕运的枢纽东平路，元朝的漕运从此中断了。同时，毛贵在益都的好石桥击败了敌人，在二月初攻下了济南。到现在，毛贵、田丰占领了山东的大部分地方。刘福通在山东益都等处设立行中书省，任命毛贵做平章。毛贵设立了"宾兴院"，选用以前的元朝官吏姬宗周等人为地方政权的官吏，并且还颁发铜制的印章，给予各级官吏行使权力，维护

地方秩序。同时，毛贵在莱州组织了三百六十处屯田，每个屯相隔三十里；又制造了大车数百辆，运粮食进行储备。不论是官田、民田，一律收税二成，赋税标准是最低的。由于毛贵十分重视生产，因此山东的局势一直很稳定，成为北伐的基地。这样，毛贵就在至正十八年（1358年）二月，开始挥师北伐，进入河北，准备攻占大都。首先，毛贵击败并杀死了元朝河南行省右丞。接着，又攻下河北的清、沧二州，占领长芦。三月，攻陷河北的蓟州，到达北京通县西南，元朝的枢密副使达国珍战死，毛贵直逼京城大都。以顺帝为首的元朝统治集团惊慌不安，乱作一团，有的主张北逃，有的主张迁都西安，甚至有的准备派人去高丽修宫殿，不知道怎么办才好。但是毛贵只是孤军深入，其他各支红巾军没有配合。元朝召集四方军队来援，毛贵在柳林被打败，不得不退到济南。而且在这个关键的时刻，东路军内部发生了内讧。至正十九年（1359年）四月，从淮安到山东投奔毛贵的赵均用，卑鄙地杀害了毛贵。七月，毛贵部将从辽阳回到益都，杀死赵均用。东路军由于自相残杀，从此一蹶不振。田丰在毛贵北伐的同时，也取得了重大的胜利，先后攻下了东平、济宁、东庆路、晋宁路，后来又折回山东。这时山东虽然大部分都被红巾军占领，可是由于毛贵被杀，群龙无首，互相攻打。其中，田丰、王士诚两派势力较大，田丰自称为花马王，王士诚自称扫地王。至正二十一年（1361年）六月，察罕帖木儿开始向东路军进攻，先后占领了山东的冠州、东昌。八月，察罕帖木儿派他的养子、部将造浮桥渡河，田丰带两万人夺桥没有成功，长清陷落。元军进攻东平，田丰部将也战败，东平被围。田丰投降，元朝任命他为山东行省平章。察罕帖木儿令田丰为前锋，先后招降了余宝、王士诚、杨诚，然后围攻济南，同时向南

攻打泰安、北打济阳、章丘，向东攻打沿海州县。由于叛徒刘篮的出卖，至正二十一年（1361年）八月，济南落入元军手中。察罕帖木儿因为镇压红巾军有功，被升为中书省平章政事（副宰相）、河南知事、山东行省枢密院事。十月，察罕帖木儿进攻益都，毛贵的部将坚守。同年六月，田丰、王士诚刺死了罪大恶极的察罕帖木儿，重新回到了红巾军的队伍，进入了益州城。扩廊帖木儿继续围攻益都。十一月，益都也陷落了，田丰、王士诚不幸被杀，接着，莒州也被攻下，所以说，北伐的东路军到1362年年底也完全失败了。

到至正二十二年（1362年）年底，东、西、中三路北伐军虽然先后失败，但是他们在北伐的过程中，牵制、消灭了大量元军和汉族地主武装，动摇了元朝在北方的统治基础，刘福通率领的中央红巾军，乘机向外出击。至正十七年（1357年）六月，刘福通进攻汴梁，但是没有打下来。八月，刘福通占领大名路、卫辉路。于是河南北部、河北南部广大地区被刘福通占有，形成了对汴梁的包围圈。当时，驻守在太行山以东的是元朝河南行省平章答失八都鲁。他曾经多次败在红巾军的手下，深深知道红巾军的厉害，不得不向朝廷求援。元顺帝增派知枢密院事答里麻失里来支援，结果元军还是大败，答里麻失里战死，答失八都鲁退到石村。由于屡战屡败，答失八都鲁又气又愁，抑郁而死，他的儿子退守到河北。第二年五月，刘福通再次发动对汴梁的进攻，元朝守将竹贞节逃跑，红巾军打下了汴梁。刘福通把汴梁定为宋政权的都城。汴梁是原来北宋的都城，北方红巾军是用“复宋”作为号召的，因而攻占汴梁是北方红巾军多年的愿望，对于推翻元朝统治者具有很大的号召力。这时，北方红巾军出现了鼎盛的局面。但是，由于三路北伐军的逐渐失败，形势逐渐恶化。元军对宋政权的围剿也不断地加剧，察罕帖木儿和孛罗帖木儿带领的两支最凶狠的反动军队，对刘福通起义军的包围圈在一步步地紧缩。至正十八年（1358年）七月，察罕帖木儿把军队移到了洛阳，加紧了对于汴梁的包围。孛罗帖木儿拼命地进攻曹州，企图切断汴梁和山东红巾军的联系。十一月，曹州陷落，起义军首领英勇

牺牲。第二年年初，孛罗帖木儿又北上山西的代州，内蒙古的丰州、云内，驻守大同，切断了汴梁和中路北伐军的联系。这时，宋政权的处境非常危急。察罕帖木儿移军虎牢，分兵两路。南路攻打归、亳、陈、蔡，北路在黄河边布置了战船，派兵守住黄陵渡；五月，又派陕西、山西各路元军，把汴梁围得水泄不通。因为红巾军主力分三路远征，中原红巾军力量比较薄弱，所以刘福通开始时采取坚守不战的正确战略。但是后来由于元军以苗军做诱饵，红巾军出战，中了埋伏，被打得打败。八月，汴梁城被攻破，刘福通保护韩林儿冲出重围，逃奔安丰。汴梁城里数万红巾军战士和宋政权官吏、家属都被俘虏了。到了至正二十二年（1362 年）二月，三路北伐的红巾军都已经失败，安丰孤立无援，城内空虚，曾经投降的张士诚趁火打劫，派大将吕珍进攻安丰。安丰城中粮食已经断绝，军民都已经饥饿不堪，甚至连尸体也挖出来充饥。就这样，红巾军仍然坚守。韩林儿向朱元璋求救，朱元璋亲自率大军赶来救援，可惜已经迟了，刘福通奋力战斗，光荣牺牲。刘福通没有死在元军和汉族地主武装手里，却死在原来也是起义者的张士诚的手下，不能不说是一个大悲剧。朱元璋来救援，救出了韩林儿。后来，韩林儿被安置在滁州。至正二十六年（1366 年）十二月，朱元璋假意命令部将廖永忠迎接韩林儿到应天（江苏南京），在路上的时候，把小明王沉死在长江之中。

由于韩林儿只有空名，实权掌握在刘福通的手中，而至正十七年（1357年）六月以后，刘福通的号令越来越行不通，将领各自谋取自己的利益，甚至互相残杀、自我削弱，同时绝大多数起义军占领一个地方后，不知道建设巩固的根据地，往往得到了又失去，所以刘福通领导的北方红巾军最后被汉族地主武装镇压下去了。但是，它坚持了十三年，经过大小数百战，是元末农民大起义的主力和中坚，在推翻元朝统治中，出力最多，贡献最大。北方红巾军和它的领袖刘福通、毛贵等人的名字和光辉业绩，极大地鼓舞了全国的反元斗争，对于推翻元朝统治作出了重大的贡献。

红巾军起义

五、朱元璋参加红巾军并建立明朝

正当南北两支红巾军在广阔的战场上同元朝军队和地主武装作战的时候，朱元璋发展了自己的力量。在进行了十年之久的农民战争之后，朱元璋削平了江南群雄，开始发动北伐讨元的战争，推翻了元朝，统一了全国。

（一）江南政权的建立

朱元璋，濠州（今安徽凤阳）钟离人，出身于一个贫苦农民的家庭，小时候给地主家放牛看羊，过着穷困的生活。17 岁的时候，父母兄弟相继死亡，由于无依无靠，就到皇觉寺当了和尚。住了五十多天，寺院的和尚因吃不饱而遣散僧人，他没有办法，为生活所迫，当了两三年的游方僧，实际上也就是乞丐，沿途要饭，生活自然十分艰苦。到至正八年（1348 年）又回到了濠州的皇觉寺。在这三年多的时间内，他周游了安徽、河南的八九个郡县，熟悉了这一地区的地形。由于生活在社会的最底层，了解到了社会的弊病，丰富了社会知识。由于无依无靠，到处周游，自然就要去结识江湖上的朋友，增长了江湖义气。由于离开家乡，到处周游，自然也扩大了眼界，冲刷掉了保守狭隘等农民固有的习性。艰苦的流浪生活，也锻炼了勇敢坚强的性格，但同时这种流浪生活也

铸就了他性格的另一方面——猜忌、残忍。所以朱元璋这三年多的流浪生活，对他后来事业的发展，有着十分重要的影响。

至正十一年（1351 年）江淮一带人民纷纷起义，其中以颍州刘福通的起义影响最大。第二年，定远人郭子兴与孙德崖等五人率众起义，自称元帅，攻占了濠州城。元朝政府派彻里不花率领三千骑兵前来镇压，但是元军胆小，害怕打仗，不敢逼近红巾军，远远地离濠州城三十里扎营，只有四处去捕捉老百姓，包上红头巾，充当

起义与农民运动

抓到的红巾军俘虏，向上级去献功。于是，百姓都遭受其害，相继进入城中，去参加红巾军。朱元璋也在这种情况下，前往濠州，参加郭子兴领导的红巾军。朱元璋刚开始的时候只是一个小小的步兵，两个多月后，郭子兴提升他为亲兵九夫长，并且调到帅府去做事。郭子兴看到朱元璋度量豁达，有才智，才能出众，把他视为心腹，并且把养女马氏嫁给了他。从此，人们就叫朱元璋为"朱公子"。

在濠州和郭子兴同时起兵的孙德崖等四人，名位都在郭子兴之上。他们与郭子兴的意见常常有些分歧，而郭子兴也看不起他们的粗直的脾气，言语之中常常带些讥讽。至正十二年（1352年）九月，元军攻陷了徐州，起义军首领李二战死，彭大和赵均用率领余部突围到濠州。彭大和赵均用虽然率领着战败的军队，但兵力仍然要比濠州的起义军强大，因此，濠州的五帅都受彭大和赵均用的节制。郭子兴和彭大一起，赵均用和孙德崖等四人在一起，两方面不断发生摩擦，十分激烈。后来元朝将领贾鲁追击农民军，包围了濠州城，大敌当前，只好暂时把内部矛盾放在一边，共同对付农民军，后来贾鲁死了之后，元兵都离开了。濠州起义的人在五个月的守城作战中大部分死伤，于是朱元璋回到家乡去招募军队，招到了七百人，郭子兴就让他去带领，并且提升他为镇抚。从此，朱元璋成为正式带兵的军官。但是朱元璋感到几支起义军在同一个地方，相互之间不断发生冲突，彭大和赵均用常常以王者自居，部下也都欺凌他人，心里很不满。因此，他决定离开濠州，独立发展。为了不引起其他首领的猜疑和反对，他在至正十四年（1354年）六月离开的时候，把原来所率领的七百人的部队让给了其他人去统领，只是从中挑选了徐达、汤和等二十四人，带到了

定远。这个时候定远张家堡有民兵三千人，因为缺乏粮食，走投无路，朱元璋就把他们招编过来。接着又凭借这一支三千人的队伍，收编了缪大亨在横涧山的义兵两万余人。从此，朱元璋有了几万人的大部队，发展十分顺利。定远人冯国用和他的弟弟冯国胜，都很喜欢读书，通晓兵法。当朱元璋统率新整顿好的部队向滁阳进军，路过妙山的时候，曾和他们讨论天下大事，冯国用建议他先夺取帝王之都金陵，然后出兵征伐，提倡仁义、收买人心，不要贪恋美女金钱，天下才能够稳定。冯国用的这一席话，正合了朱元璋口味，朱元璋十分高兴，就叫他在幕府当参谋计议大事。当朱元璋的部队向滁州进军的途中，定远人李善长也到军营中求见，他从小就有智慧及计谋，能够预测事情，都很准确。朱元璋就留他在幕府掌书记。朱元璋有什么问题就去询问他，称其有诸葛亮的才能。此后，李善长也确实起到了这样的作用。将领之间有摩擦的，李善长为他们调节。对于新来归附的战士，李善长审查他们的才能，建议朱元璋因才施用，并向他们解释朱元璋对他们的诚意，使他们解除疑虑。

　　至正十三年（1353年）七月，朱元璋的部队顺利地攻下了滁州。不久，郭子兴率剩下的部队万余人来到滁州，看到朱元璋的将兵三万多人，号令严明，非常高兴。十月，元代丞相脱脱率师围攻高邮，分兵攻打六合。六合的起义军派遣使者来到滁州求援，郭子兴因为和他们的首领有仇，不肯发兵去救援。但是朱元璋看到了唇亡齿寒的形势，就率兵前去支援，实在抵抗不住了，就组织全城军民撤退到滁州。元兵跟踪追击到滁州城外，朱元璋在涧边设置埋伏，大败元军。这时朱元璋清醒地估计到，虽然打了胜仗，但是元军还依旧很强，由于害怕元军再来攻打滁州，朱元璋就要城中的父老把战场上获得的元军的马匹之类的东西，都送还给元军，还肯定地告诉元军将领说："滁州城中的都是老

百姓，聚集在一起，只是为了防御盗寇，你们应该去攻打高邮才对，怎么分兵来攻打滁州呢？饶了这一地方的百姓们吧。军需物资是我们情愿供应的。"朱元璋就这样把元军这一股祸水引向了高邮。

　　元军撤退了，接着张士诚又在高邮大败元军，江淮地区的农民军就活跃了起来。但郭子兴却没有什么远大的抱负，只是觉得自

起义与农民运动

已和其他起义军的首领相比，名声还不够大。
当时元朝的军事压力虽然解除了，但是几万
军队聚集在滁州这个山城里，军粮却出现了
问题。朱元璋建议移兵到和阳。至正十五年
（1355年）正月，张天佑和汤和率军攻取和
州，郭子兴就任命朱元璋为和阳总兵。当时
军队纪律非常不好，朱元璋就通过各种手段
去整顿军纪。不久，孙德崖的起义军也来到

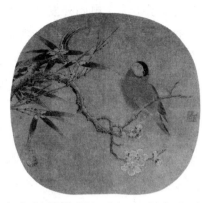

和阳，郭子兴一听到孙德崖到了和州，他也急匆匆地从滁州赶来，双方发生了
一次冲突，孙部抓了朱元璋，郭军抓了孙德崖，结果是双方以相互交换而告终。

  至正十五年（1355年）三月，郭子兴病死，这个时候刘福通等人已经在亳
州建立了龙凤政权，就派人去和阳招人，大家推选张天佑到亳州去任命。四月，
张天佑带回龙凤政权的命令：以郭子兴的儿子郭天叙为都元帅，郭子兴的妇弟
张天佑为右副元帅，朱元璋是左副元帅。但在实际军事事务中，朱元璋掌握大
权，他也是事实上的主帅。因为朱元璋有一支自己亲手建立起来的军队，也有
和自己患难与共屡经战阵的贴身将领，还有一批为他出谋划策的谋士。朱元璋
对上面的任命实际上是十分不满意的。但是他的部下将领和谋士们提出，光靠
自己的力量，确实还不够，不如先接受这个任命。朱元璋这才接受。

  和州（安徽和县）紧靠长江北岸，虽然水陆交通比山城滁州要好些，但是
它的前面是长江，后面又是龙凤政权的管辖地区，不利于向外面发展，而且这
个时候元军又不断前来攻击，还有孙德崖所部的农民军也总是想来吞并，军粮
也成了问题。所以要想摆脱这样的困境，得到大的发展，就必须打过长江去，
这是冯国用、李善长等刚参加朱元璋的起义军的时候就已经提到的。现在虽然
已经驻军在江岸，但面对着滔滔的江水，没有办法渡过。

  朱元璋正在发愁没有船只渡江的时候，巢湖水军俞通海前来请求支援。原
来，汝颍红巾军起义之后，俞廷玉和他的儿子通海、通源以及赵普胜等，三次
派人到和州请求支援。朱元璋在至正十五年（1355年）五月亲自率兵去巢湖，
正赶上大雨，巢湖水军的船只顺利驶入长江，除了赵普胜在途中率领他的部队
彭莹玉以外，其他的水军和船只都到达了和州，于是军威大振，这时常遇春和
邓愈也都归附了朱元璋。六月一日，朱元璋率领部将渡江。按照朱元璋的指示，

先攻取了牛渚，再向外发展，攻下了采石镇。江东地区的太平比较富裕，当时将士和士兵都已经很饥饿，看到粮食和牲畜，都想抢回去。朱元璋看到这种情况，就和徐达说，现在大军渡江，比较幸运的能够打败敌人，就应该乘着这个时候夺取太平，如果军士夺取财物就回来，再去攻打恐怕很困难，江东就不是我们的了，大好的形势就失去了。于是朱元璋就下令把船的绳缆全部砍断，把船推到江心，顺流而下。这样一来，就断了士兵返回北岸和州的念头，军士们都很吃惊。后来朱元璋夺取了城池，不许将士们夺取百姓的财物，只是把有钱人献出来的金帛，分给将士们。

当农民军进入太平城的时候，儒士李习、陶安等率领人们出城来迎接，陶安见到了朱元璋，就说："我们已经等你很久了。"朱元璋就问他："我想夺取金陵，请问您认为如何？"陶安说："金陵是历代帝王的都城，龙盘虎踞，又凭借着长江的险要，如果想要夺取它，根据它的地形，出兵来攻克它的四方，则没有什么破不了的。"陶安的这一建议，和以前的冯国用、李善长所说的基本相同，很合朱元璋的心意，就任命陶安为参幕府事。并把太平路改为太平府，任命李习为知府。大家推举朱元璋为元帅，朱元璋又任命李善长为帅府令使。移用宋龙凤年号，旗帜和战衣都用红色。朱元璋的江南政权已经初步建立了起来。

这个时候，太平周围的元军向没有稳定的红巾军反扑过来。元朝的右丞相、中丞相和义兵的元帅分为水陆两道，直接来攻打太平城。朱元璋亲自督兵进行作战，郭天叙和张天佑在这场战争中牺牲。二人死后，朱元璋就接管了郭子兴的所有部队。这个时候，蛮子海牙的水军还在采石江上截断太平红巾军和北岸和州等地的联系。由于红巾军将士的家属还留在和州，没有办法互通消息，人心都很不安。至正十六年(1356年)二月，朱元璋命令常遇春率军进攻蛮子海牙的水军，蛮子海牙逃进集庆城里，从此南北可以进行沟通。三月一日，朱元璋亲自率领大军，三次攻打集庆，从太平水陆进攻。三日到达江宁镇，破了陈兆先的营寨，得到了降兵三万六千人。十日，攻破集庆城，元军守将行台御史大夫战

死，蛮子海牙逃跑投降张士诚，水军元帅投降，得到了军民五十多万。第二天，朱元璋巡视了集庆城后登上城楼，对他身边的徐达说了这个大好形势，只要同心协力，没有不成功的道理。当天就改集庆路为应天府，建立统军的大元帅府。到七月，又置办了行中书省、枢密院、理问所、提刑按察司、营田司等机构。朱元璋很快就把政治、军事、经济等方面的机构建立起来，俨然是一个政府。

（二）江南政权的巩固和发展

1. 周围的形势

朱元璋在至正十六年（1356年）渡江建立江南政权的时候，张士诚也在这一年的二月攻下了平江，建为国都；徐寿辉的蕲黄红巾军也东山再起，迁都于汉阳。而刘福通、韩林儿龙凤政权所派遣的西征军，也在这年的九月攻下了军事重镇潼关。整个农民起义的形势十分喜人。但从朱元璋江南政权来说，形势却十分严峻。东南方向的张士诚的势力已经从平江伸展到常州；西北方向，徐寿辉的红巾军已经扩充到池州。这些虽然都是农民起义部队，但是彼此之间也是水火不容的。而元朝的军队也紧紧地包围着江南政权。

从当时朱元璋的战略形势来看，镇江是应天的大门，如果张士诚占领镇江，则东边的门户就被打开了，张士诚随时可以进攻应天。宁国和广德则是应天的南大门，这两个地方如果长期为元军所占，或者被徐寿辉攻占，那么敌人也可以随时进攻应天，使得江南政权不得安宁。要确保应天的安全，就必须尽快占领这几处地方。因此，朱元璋在占领集庆的当月，就派徐达攻下了镇江。到了

红巾军起义

六月份，又派邓愈攻下了广德。这样就保证了应天的安全。宁国则是因为元军派有重兵驻守，徐达、常遇春都没有把它攻下来，直到至正十七年（1357年）四月，朱元璋亲自统率大军才把它攻了下来，俘虏了朱亮祖，得到将士十余万。朱元璋原来想占领镇江以后，与在平江的张士诚采取保境相安的策略。派遣杨宪到张士诚那里去通好，但是张士诚非常不高兴，拘留了杨宪，并且派兵到镇江，被徐达、汤和所打败。朱元璋感到张士诚既不愿通好，然而双方所占领的地盘又是紧紧相连的，就下决心先攻打张士诚，以安定自己的大本营。在打败了张士诚进攻镇江的部队之后，立即派徐达进攻常州。到了至正十七年（1357年）二月，攻克了常州。同时派耿炳文、刘成从广德攻克长兴。六月，攻下了江阴。七月，徐达攻下了常熟。这一系列的胜利，对于朱元璋而言，意义重大。朱元璋在攻下常熟之后，就停下了对张士诚的攻势，把矛头转向了浙东方向的元朝统治。因为张士诚的部队战斗力比较强，暂时不容易拿下。

朱元璋在攻占了广德和宁国路之后，不仅保障了应天的南大门，而且还打开了向浙东发展的道路。于是朱元璋就派他的得力亲信将领耿炳文守住长兴，吴良守江阴，汤和守常州，而他自己则亲自指挥大军向浙东进发。先后攻克了皖南诸县。朱元璋把浙江的金华县改为宁越府，后来又改为金华府，并且在这个地方安置了浙东行省。经过两年左右的时间，江浙省西部的元朝统治地区大部分被朱元璋所攻克。朱元璋江南政权的辖区扩大了。从此，这一带成了朱元璋补充兵源和军需物资的基地。

朱元璋之所以能够顺利地攻占浙东地区，是因为当时元朝在这里所管辖的州县，都是一个个的孤立据点。另一个原因就是浙东地主和元朝政府的离心力越来越大。元朝政府当农民起义军高涨的时候，曾经表示要放宽对汉族地方官

僚和知识分子的民族歧视政策，但当这些地区的农民起义形式一度低落的时候，元朝政府和蒙古、色目官僚又继续对汉族官僚和地主武装进行排挤，如最初组织地主武装协助元军镇压方国珍的几家豪族。所以朱元璋的军队一到，不少地主知识分子就投向朱元璋。而朱元璋的军队纪律很严

起义与农民运动

72

格，每每攻克一地不杀不掠，受到了广大人民的欢迎。

2. 推行的政策

朱元璋对地主知识分子是很重视的，在没有渡江之前有李善长、冯国用等一批文人参加了他的起义军，渡过长江以后，随着统治地域的扩大，地主文人更是纷纷地向他靠拢。当时的浙东文人叶深、章溢、刘基都被聘召大应天的时候，朱元璋还特地为他们盖了一所礼贤馆。朱元璋到处搜罗地主文人学士，但是也不是随随便便地任用。一方面对知识分子作用的重视，另一方面怕他的部将一旦与文人结合，会威胁到他的地位。

在元朝民族歧视政策的压迫下，投向朱元璋的地主阶级知识分子，大多是没有功名的，或者只是在元朝地方政府任低级官吏，一生也很难有大的成就。如李善长只是里中长者，陈遇是温州的教授，陶安是明道书院的山长，刘基的官职较高，由进士而被任命为元帅府都事，但后来也不做官而去种田。这一批封建士大夫认识到天下瓦解的趋势，他们也自称是胸中有国、有远谋的有识之士。从当时的情况来看，他们确实是治国安邦的杰出人才，对于朱元璋的事业起了不小的作用，主要有以下的几个方面：

选择金陵为根据地。渡江前的冯国用、李善长和渡江以后的陶安，都向朱元璋提出建议，先攻占金陵为根本，然后出兵再去攻打四方。从地理位置上来说，金陵北面以长江作为屏障，南面有吴会，从长江下游形势来说，确实是向外发展的理想地区，为朱元璋以后向外发展起了积极的作用。

提供斗争的策略。在朱元璋的部队攻克徽州之后，朱升向朱元璋提出了"高筑墙，广积粮，缓称王"的斗争策略。朱升这一建议，是根据当时客观形势提出来的。高筑墙，就是要朱元璋巩固自己的管辖地区；广积粮，就是要朱元璋准备应付长期战争的物质条件；缓称王，就是要朱元璋实事求是，不图虚名，尽量不使自己成为大家厌恶的对象。这样的斗争策略，在当时无疑是正确的，朱元璋完全采纳了这一建议。

整顿军队纪律。不要随便杀人，也不要贪图女子和玉帛，这是投向朱元璋的封建文人，共同向朱元璋提出的强调军队纪律的两条建议。朱元璋在行军作战中也十分注意军纪的整顿。朱元璋军队进入太平，进入建康都进行了整顿。军队纪律，是军队在战斗中获得胜利的根本保证。所到之处，均受到人民的拥护。

过了长江之后，局面打开了，地主阶级知识分子大量涌进农民军，对朱元璋加速封建化，也起了不小的作用。他们对元朝统治者失望之余，急切希望能找到一个重建封建秩序的"明主"，当时竭力要朱元璋效法汉高祖。到至正二十三年（1363年）朱元璋从安丰救出小明王，迎接到滁州。刘基非常生气，他看清了形势，要朱元璋撇开小明王，建立新王朝。朱元璋本来就怀着帝王的欲望，自然就很快就领悟出来了。这样的一个事例说明刘基等地主阶级知识分子，在引导促使朱元璋与红巾军决裂和转向封建化的方面，起了一定的作用。

朱元璋在江南政权所推行的政策，既具有反封建王朝的一面，又具有维护封建秩序的一面，这是农民政权的特点。至正十八年（1358年）朱元璋的军队攻下了婺州，开仓济民，很多人都想去归附。这说明朱元璋农民军是受广大农民群众所欢迎的，是把它看成农民自己的队伍的。虽然朱元璋的农民军没有提出类似"摧富益贫"的口号，也没有在统治区实行调整土地的措施，但他们对当地农民反抗地主夺取土地的斗争是支持的。江南政权对农民起义战争中所获得的土地是给予承认的。

与此同时，朱元璋的江南政权推行的政策也有维护封建制度的一面。朱元璋攻下集庆的时候，向人们宣告各自做好他们自己的职业，只是对元朝的"旧政"有不便的地方加以改革。所以在朱元璋江南政权的统治区内，封建生产关系并没有变动。

（三）平定四方

1. 陈友谅政权的灭亡

蕲黄红巾军在至正十五年（1355年）再次崛起，到十七年，占领了湖广以及川蜀等广大的地区，这时军队中发生了内讧。原来蕲黄红巾军初起的时候，徐寿辉被推荐为首领，他对起义的事业并没有太多的贡献，也没有太多的才干。从彭莹玉牺牲之后，天完政权实际上被丞相倪文俊所控制。后来，倪文俊想阴谋杀害徐寿辉，被发现后，就率领部分军队逃奔黄州。黄州当时是由倪文俊部将陈友谅驻守。陈友谅出生在一个渔民的家庭，参加了徐寿辉的红巾军，最初是倪文俊的部下，后来因为立了战功，成了领兵的元帅。当倪文俊去投奔他的时候，他乘机杀害了倪文俊。于是天完政权的大权又转到了陈友谅的手里。至正二十年（1360年），陈友谅要挟着徐寿辉，向朱元璋的统治地区进攻。五月，攻下了太平。陈友谅以为攻占应天指日可待，心满意得，急于想当皇帝，派人杀了徐寿辉，在大风雨中，把采石五通庙作为行殿，当了皇帝，国号为汉，改元为大义。陈友谅称帝之

后派人到张士诚那里，想和张士诚一起攻打建康。面对强敌压境，应天的文武官员有的建议投降，有的建议逃跑。刘基说："主张投降或者逃跑的人，应当斩首。"朱元璋采取刘基的建议，积极做好战斗的部署，一方面让胡大海出兵去打广信，用来牵制他们，扰乱敌人的后方。同时又利用康茂才和陈友谅是老朋友的关系，约定假装去投降，引诱陈友谅来到应天。陈友谅受骗上当，在龙湾遭到朱元璋水陆伏兵的侵袭，被打得大败。朱元璋俘虏了陈友谅军队两万多人，并且获得了他的很多军舰武器等等。到至正二十二年（1362年）的时候，龙兴、袁州、瑞州、临江、吉安等州县，都被朱元璋所占领。

在至正二十三年（1363年）四月，陈友谅乘着朱元璋出兵安丰的时候，围攻洪都，士气也很浩大。但是都督朱文正和参政邓愈、元帅赵德胜等率洪都军民坚决誓死地守护。陈友谅八十五天也没有攻下，到了七月中旬，直到朱元璋亲自率领十万兵力来救援，才前去鄱阳湖应战。朱元璋的军队在七月十六日到达湖口，后来又由松门进入鄱阳。七月二十日两军相遇在康郎山，鄱阳湖的战争从这个时候开始。到了八月二十七日，在混战之中，陈友谅中箭而死。他的将领张定边乘着小船趁黑天把陈友谅的尸体和儿子陈理送到武昌，立陈理为皇帝，改元德寿。这一次，朱元璋、陈友谅两军在鄱阳湖的水战长达三十六天，时间很长，战斗打得也十分激烈，陈友谅的部队几乎全部覆灭，而朱元璋方面

的伤亡也很大。朱元璋怕张士诚乘虚而入,自鄱阳湖的战斗结束之后,命令常遇春去攻打武昌,自己率领军队回到应天。至正二十四年(1364年)正月朱元璋因为武昌围了很久也没有攻下,亲自出马,陈理和太尉张定边投降,汉政权结束。朱元璋在这个地方设置了行中书省进行管辖。

蕲黄红军所建立的农民政权,最后被朱元璋消灭了,但它在元末农民斗争中的辉煌业绩,却是不容抹杀的。陈友谅虽然在击杀徐寿辉的时候有他的缺点,但他坚决反对元朝的反动统治,从不屈服地进行斗争,也不失为一个英雄人物。他的坟墓,今天还保存在武汉长江大桥下。当年他活动过的地方,至今还有关于他的传说,可见人民是怀念他的。

2. 张士诚的灭亡

朱元璋在至正二十四年(1364年)灭了汉政权之后,下一个进攻的目标轮到了张士诚。张士诚在至正十四年(1354年)十一月在高邮打败元军以后,向外发展。张士诚率领军队由通州渡江,攻占了平江、湖州、松江和常州等路。改平江为隆平府,在平江建都。张士诚自从进入江南地区以后,就和朱元璋成了邻居,双方斗争不断,后来朱元璋攻占了长兴、江阴等地,堵住了张士诚西进的道路。南面又有苗军元帅的驻守,在至元十七年(1357年)八月,张士诚投降元朝,被封为太尉。张士诚虽然接受了元朝政府的官爵,但是依然在自己的土地上驻兵。后来张士诚又乘着江浙右丞相和杨完者的矛盾,派兵占领了杭州,以后势力不断扩张。至正二十三年(1363年),张士诚又自立为吴王。张士诚全盛的时候,他所占领的土地,地域广阔,人口众多。

张士诚所统治的地方,盛产粮食鱼盐,又有蚕桑,物产十分丰富。张士诚的弟弟张士德,善于战斗,有谋略,为人正直,很得人心,浙江西部的地区大部分都是他打下来的。张士德在至正十六年(1356年)在常州被徐达抓获,到了应天之后就自杀了。之后张士诚的三弟张士信,贪婪无能,日夜都以歌舞娱乐,疏离以前的老将,上下关系处理得很不好。由于取得了巨大的成绩,张士诚也养尊处优,不管政事。

朱元璋对于张士诚,首先是扫除他在淮水流域的据点。从至正二十五年（1365年）十月，命令徐达出兵，经过半年多的战斗，攻占了通州、兴华、盐城、高邮、淮安、徐州、宿州、濠州等州县。接着，朱元璋就全力转向张士诚的政治中心江南地区。还写了声讨张士诚的罪状。朱元璋在这一篇檄文之中声讨了张士诚的八条罪状，除了两条是指责张士诚侵占朱元璋的地盘和诱导朱元璋的部将以外，其他六条都是指责张士诚背叛元朝政府的罪状。这说明朱元璋是站在封建正统的立场来声讨张士诚的。

八月，朱元璋任命徐达为大将军，常遇春为副将军，率领军队二十万讨伐张士诚。先攻取湖州，让张士诚的军队疲于奔命，然后再把军队迁移到姑苏。同时任命朱文忠攻打杭州来牵制敌人。到十一月就攻下了湖州、嘉兴、杭州、绍兴等地。扫清了外围，从四面包围平江，张士诚几次想突围出去，都被朱元璋的军队堵了回来。至正二十七年（1367年）六月，张士信在城楼被飞奔而来的大炮的碎片打死。九月，徐达和常遇春又攻下许多的地方，张士诚在仓皇之中，打算自缢，但是被解救，做了俘虏。徐达几次派张士诚的部将劝他投降，张士诚闭着眼睛不回答，后来被压到了金陵，最后自杀而死。于是朱元璋改平江路为苏州府，任命何质为知府。平江固守了十个月，才被攻破。

张士诚从至正十三年（1353年）起兵，自称为诚王，到至正十七年（1357年）就投降了元朝。后来又自立为吴王，但是这个时候的张士诚和他的将领，只知道修府邸，建立园池，吃喝玩乐，十分腐朽。当时的吴政权只不过是一个封建割据政权而已。只知道固守自己的那块地方，而不去争取更大的天地。当朱元璋和陈友谅在鄱阳湖大战的时候，张士诚竟然不出平江一步。但张士诚在刚起义的时候，在高邮会战中大败元兵，在元末农民战争中作出了重大的贡献。

3.方国珍的投降

当平江即将攻破的时候，至正二十七年（1367年）九月，朱元璋又派遣兵去攻打割据在浙东的方国珍。原来，以前与方国珍接境的时候，朱元璋曾将派刘辰去招抚方国珍。方国珍看到朱元璋兵力强盛，很难与其进行争斗，于是派使者随着刘辰向朱元璋奉送金银绸缎，表示愿意和他一起攻打张士诚，又申明等到朱元璋攻下杭州的时候，就献给他三个郡县。但同时，方国珍仍然不断为元朝海运粮食去大都。等到朱元璋攻下杭州，方国珍害怕被吞，就和元朝一起与朱元璋相对抗。至正二十七年（1367年）九月，朱元璋的部将朱亮祖率领军队攻下台州，接着又攻下温州，十一月，朱元璋的另一部将汤和率军进攻庆元，方国珍逃入海岛，又被朱元璋的部将所击败。方国珍在走投无路的情况下，只好向朱元璋投降。

4. 闽广的平定

朱元璋在攻克平江以后，在至正二十七年（1367年）派胡廷瑞为征南将军，何文辉为副将军，从江西率军队进攻福建。当年的十一月，方国珍投降，于是朱元璋又命令汤和、廖永忠率领水师在明州从海上进攻福州。当时陈友定盘踞在福建。陈友定虽然是贫苦的农民出身，但是在元末农民战争中，却站在与农民军对立的位置。因为他为元朝统治者卖力，得到赏识，一直被任命为福建行省的平章政事，占据了福建八个郡的地方。至正二十七年（1367年）十一月，胡廷瑞由江西进入，连续攻克了邵武、建阳。同时，汤和和廖永忠所率的水军也攻下了福州。第二年正月，汤和和廖永忠攻下了延平，陈友定在应天被处死。明军从出师到攻下延平一共四个月，接着又攻克了福建的其他地区，平定了福建。

福建的平定，为明军向两广进军打好了基础。当胡廷瑞攻向福建的时候，朱元璋又派湖广行省平章杨璟和左丞相周德兴等率军队由湖广夺取广西。第二年二月，汤和、廖永忠攻下福建的延平后，朱元璋又令廖永忠和朱亮祖率军取广东。后来朱亮祖率师到广西，到六月才攻占了靖江城，接着南宁、柳州等州县都投降明军，广西平定。

5. 北伐中原

朱元璋在消灭张士诚的割据势力之后，并没有在胜利面前停顿，休整了一个月之后，就立即准备向北方进军，在至正十七年（1367年）十月二十一日，任命徐达为征虏大将军，常遇春为副将军，率领军队二十五万，由江苏进入河北夺取中原。对于北伐军的进军路线和战略部署，朱元璋作出了审慎的筹划。朱元璋提出了稳扎稳打、逐步推进的战略。

为了向北方人民说明北伐的道理，朱元璋让宋濂撰写了一篇告北方人民的檄文。这一篇檄文表现了汉族主义思想，把国内少数民族一概称为"夷狄"。少数民族只能接受汉族的统治。他还极力强调天命论，这样，红巾军打击元朝统治的事实被一笔勾销，一切都是上天的安排。另外，它还明确表示要维护封建纲常。这些都十分清楚地说明，朱元璋是以封建君主的立场来宣告自己的政治意图和未来国家的希望。这对于元末的农民军起义来讲，自然是一种无形的背叛。但这一篇檄文所提出的以汉族为中心的主张，在当时元朝统治者对于广大汉族人民实行压迫政策的情况下，又有一定的反民族压迫的正义性，其中的"驱除胡虏，恢复中华"的民族斗争口号，对汉族各阶层人民都是颇有号召力的。后来还被孙中山先生所应用。

由于朱元璋北伐军队纪律严明，战略部署正确，以及北伐檄文在安定民心和瓦解敌军方面有一定的作用，所以北伐进展得十分顺利。先后攻占了山东、河南、河北等省。至正二十七年（1367年），明军已经到达通州。元顺帝感到大势已去，决定离城北逃。临走的时候，命淮王和丞相留守，元顺帝自己则在七月二十八日和后妃太子由居庸关逃往上都。八月二日，徐达等到齐化门，将留下的淮王和丞相斩首。从此，正式结束了元朝的统治。

六、红巾军起义的意义

朱元璋在派兵南平闽广和北伐中原的时候，正式建立了明朝，年号是洪武，建都在南京，做了明朝的开国皇帝，历史上称为明太祖。

元末农民大起义，历时十七年的时间，转战在全国大部分的地区，在我国农民战争史上写下了光辉的一页。虽然最后被以朱元璋为代表的新兴地主阶级集团所利用，成为他们改朝换代的工具，但它却具有巨大的历史意义和作用。

首先，这次大起义推翻了元朝腐朽落后的统治，对历史发展无疑是一个贡献。当一个朝代或者社会不再适应当时的生产和生活状况的时候，它就会被新的社会形式和新的朝代所取代。所谓的历史向前不断发展的状况就是如此。

其次，这次大起义在若干方面实践了农民的平均主义思想。如南方红巾军的领袖彭莹玉，针对元朝"财富不均"的现象，提出了"摧富益贫"的响亮口号。所谓的"摧富"，就是夺取富人的财产；"益贫"，就是把夺到的财物分给贫苦农民。当他领导的部队打进邵武的时候，贫苦农民都来起义，瞬间就达到了数万人。这种"摧富益贫"的思想和行动，企图解决封建社会贫富不均的问题，是唐宋以来农民起义军提出的"均贫富"口号的继续。虽然不能从根本上去解决问题，但毕竟是使那些受苦受难的人民聚集到一起的最好的口号，也是农民起义的一个最根本的原因。

再次，这次大起义触动了封建生产关系，在一定程度上缓和了尖锐的土地问题，从而推动了社会生产力的发展。在元末农民起义的猛烈打击下，元朝皇室逃到内蒙的顺昌府。蒙古贵族、色目的大商人、上层僧侣和一些汉族的大地主，在农民起义的沉重打击下受到了重创，江南的大族，也是四处逃窜，出现了"往年大姓家、存者无八九"的局面。过去被他们霸占的土地，包括"官田""庄田"和"寺田"，变成了无主

起义与农民运动

空闲的土地。如当时北方郡县城镇附近的土地大多荒芜，朱元璋下令把这些田地分给无田地的农民进行耕作，每户十五亩，另外还给菜地两亩，还有能力的人，不限制田亩，都免三年的租税。这样，元朝土地高度集中的趋势得到了缓和。元末农民大起义消除了蒙古贵族给中原地区带来的某些落后的生产关系，大批的"驱口"挣脱了奴隶的枷锁，获得了自由。在明初，他们又取得了民籍，成为了佃户。手工业工匠的地位也有所改善，争得了自由的权力，生产的热情大大提高。所有这些变化，都是元末农民起义所带来、争取的结果，它为社会生产力的发展创造了有利条件。据统计，在明朝建国后的二十五年，全国耕地总面积已经达到了八百五十多万顷，比元末增加了四倍，全国户数有一千万，人口五千六百七十多万，超过了历史上的任何朝代。工商业和商品经济也有了明显的发展。没有元末农民大起义，明初社会生产力是不可能在短时间内就得到如此迅速的发展的。

最后，我国是一个多民族的国家，民族矛盾和阶级矛盾交织在一起的现象是经常出现的。凡是在民族矛盾和阶级矛盾交织在一起的地区爆发的农民起义军无不带有民族斗争的色彩，元末民族起义就是很好的一个例子。但是这次起义还是有力地促进了民族的融合。元朝统治初期，虽然实行"汉法"，但是蒙汉两族并没有真正地融合。在实行的政治、经济和科举的策略中可以发现，元朝后期，蒙古贵族公开推行民族压迫歧视政策，

红巾军起义

制造民族分裂和民族仇恨。元末农民起义推翻了元王朝，终止了他们所推行的民族压迫政策，对于密切各族人民的关系，促进民族融合有重要的作用。新建立的明王朝，在对待汉族同各少数民族的关系上，虽然也存在有民族压迫的一面，但是与蒙古贵族的种族统治相比，要进步得多。有人曾经指出，国家建立的时候，蒙古和色目人散落到各个州县的人，大多都给了姓名，在民间和汉族人民相处，久而久之，就忘了彼此，特别是经过几代人之后这种观念就更加淡薄。大多数蒙古人留居中原地区，从事农业生产，同汉人几乎没有什么区别了。汉族同其他少数民族人民也存在类似的情况，特别是受到儒家大同思想影响的中原民族。可见，元末农民起义促进了我国的民族大融合。

不论何时何地，我们都不希望看到战争。明末农民大起义之后虽然建立起一个新的政权，但也是以人民的流血牺牲为代价的。

起义与农民运动

太平天国运动

太平天国是一次反帝反封建的农民运动，是中国历史上规模最大、人数最多、时间最长的一次农民战争，它沉重地打击了中外反动势力，并对亚非人民的反殖民斗争起到了巨大的鼓舞作用，体现了时代的新特点。但没有先进阶级的领导，没有科学革命纲领的指导，再加上客观上反动势力的强大，失败成为历史的必然。太平天国定都天京后，于1853年颁布《天朝田亩制度》，它是太平天国的基本纲领，其基本内容是土地改革制度。

一、太平天国的兴起

（一）拜上帝会的创立与发展

1. 太平天国运动的前夜

鸦片战争后，摇摇欲坠的清王朝，在外忧内患中风雨飘摇、举步维艰。随着一系列的不平等条约的签订，许多主权纷纷丢失，形成了清王朝门庭洞开的局面。英、法、美等资本主义国家加剧对中国的侵略并设立通商口岸，外国的商品滚滚而来，资本主义入侵一步步加深，中国的小农经济备受其害，濒临破产的边缘，而处于中国门户的东南沿海，情况则更加恶劣，民众处于水深火热之中。

屋漏偏逢连夜雨，此时的清王朝，为了筹集战费和战争赔款，加紧搜刮人民，大肆横征暴敛，苛捐杂税名目繁多，民众苦不堪言。鸦片战争后不到十年的光景，劳动人民实际负担比过去增加了好几倍。广东、广西更是受鸦片战争直接冲击，加之连年天灾，饥民四处飘零。天灾人祸使得人民陷入饥饿死亡的困境，他们走投无路，纷纷举起义旗，遥相呼应，进行了此起彼伏的反抗斗争。

1840 年后的十年间，中国发生了上百次的农民起义。当时，捻党活动在河南、安徽、山东一带，白莲教、天理教主要散布北方各省，天地会势力遍布长江和珠江流域。在两广地区，义军更是蜂拥而起，义旗林立各地。张嘉祥在横山起义，活动于粤、桂边境的钦州、灵山、贵县、横山等地，队伍发展到一万多人。陈亚贵联合广东钦州、广西宾州的农民武装几千人在武宣起义，转战各地，一直战斗到太平天国起义。一直以"反清复明"为旗帜的天地会也揭竿而起，转战湘、桂边界。此起彼伏的发难不断地骚扰着清廷与地方官府的统治，山雨欲来风满楼，太平天国运动就在这风起云涌的起义中酝酿并行将到来。

2. 洪秀全创立拜上帝会

洪秀全（1814—1864年），原名火秀，又名仁坤，广东花县官禄村人，出身于农民家庭。他7岁入塾读书，非常聪明，仅用六年的时间就能熟读"四书五经"。16岁的时候，因家贫失学，帮助父兄耕田，18岁受聘为本村塾师，从此一面教书，一面继续读书。他先后四次赴广州参加科举考试，都没有考取秀才。

但几次到广州，洪秀全耳闻目睹了英国的侵略暴行，清政府的卖国和人民的斗争使他的心灵受到震撼，渐生忧国忧民的胸襟。1836年，他到广州应考时，在街头得到一本基督教士梁发讲道和散发的传教小册子《劝世良言》，开始接触基督教。1843年，洪秀全最后一次科考失败后，做官的理想完全破灭了，但他志气犹存，曾作诗述志："龙潜海角恐惊天，暂且偷闲跃在渊。等待风云齐聚会，飞腾六合定乾坤。"回到家乡后，洪秀全仔细钻研《劝世良言》，开始相信基督教的教义，于当年6月创立了拜上帝会。拜上帝会宣传上帝为"天下凡间大共之父"，人人是"天生天养"；"天下多男人，尽是兄弟之辈，天下多女子，尽是姊妹之群"，人人都平等。凡拜上帝之后，"日日有衣有食，无灾无难"，"不拜上帝者，蛇虎伤人，敬上帝者不得拜别神，拜别神者有罪"。而洪秀全自称是上帝的次子，耶稣的弟弟，是上帝特派来拯救中国的救世主。

1844年，洪秀全和好友冯云山以极大的热忱离开本乡去外县宣传教义，在广西浔州府贵县赐谷村发展信徒。同时，洪秀全着手创制宣传教义的文书，先后写成《百正歌》《原道救世歌》《原道醒世训》《原道觉世训》等著作，他糅合基督教义和儒家的思想，谴责当时社会的腐败、堕落，劝导世人信拜上帝、学正人、捐妄念，惩富济贫，重现古代"天下为公"的社会理想。

《原道救世歌》于1845年写成，1852年刊布，后编入《太平诏书》。这部著作采取通俗易懂的诗歌体，宣传天父是中外古今共同真神，主宰万事万物，人间的一丝一缕、一饮一食都是上帝的赐予，因此，所有人应该只信上帝，不拜邪神，指出"开辟真神唯上帝，无分贵贱拜宜虔。天父上帝人人共，天下一家自古传。盘古以下至三代，君民一体敬皇天"，"天人一气理无二，何得君王私自专"，劝告人们要切戒"六不正"，即"淫""忤父母""行杀害""为盗贼""为巫觋""赌博"等恶劣行为，以树立新的社会风尚；提倡平等，宣称"普天之下皆兄弟"，"上帝视之皆赤子"，用以激发农民群众反对封建等级制度的情绪。

《原道醒世训》于1845年写成，1852年刊布，后编入《太平诏书》。作者揭露了当时中国的黑暗现实，谴责"世道乖漓，人心浇薄，所爱所憎，一出于私"，批评相凌、相夺、相斗、相杀的世道人心和国家、地区、族群之间争夺的现象；根据"皇上帝天下凡间大共之父"，提出"天下凡间，分言之则有万国，统言之则实一家"；宣传"天下多男人，尽是兄弟之辈，天下多女子，尽是姊妹之群。何得存此疆彼界之私，何可起尔吞我并之念？"憧憬唐虞三代"天下为公"的大道，号召群众起来反对"陵夺斗杀"的旧世界，变"乖漓浇薄之世"为"强不犯弱、众不暴寡、智不诈愚、勇不苦怯之世"，为实现"天下有无相恤，患难相救，门不闭户，道不拾遗，男女别途，举选尚德"的"天下一家，共享太平"的大同社会而斗争，而实现的途径就是皈依天父上帝，"循行上帝之真道……力遵天戒，相与正己正人，相与作中流之砥柱，相与挽已倒之狂澜"。这篇文章反映了广大农民迫切要求摆脱封建压迫和剥削的强烈愿望。

《原道觉世训》于1847年完成，1852年刊布，后编入《太平诏书》。在这篇文章里，强调上帝创造世界、主宰世界，人人当拜上帝。同时，把社会划分为两种根本对立的势力。革命势力的代表是"皇上帝"，反动势力的代表是"阎罗妖"。作者指出封建帝王就是"阎罗妖"，谴责佛老之徒"造出无数怪诞邪说，迷惑害累世人"，说明崇拜偶像，正是惹鬼，指出所有牛鬼蛇神，皆"阎罗妖之妖徒鬼卒"，"自秦汉至今一二千年，几多凡人灵魂被这阎罗妖缠捉魔

起义与农民运动

86

害"，号召群众站在"皇上帝"一边，去反对"阎罗妖"，"天下凡间我们兄弟姊妹所当共击灭之唯恐不速者也"。这实质上就是发出战斗号召，反映了与清朝统治对抗的政治决心。

1847年7月，洪秀全和冯云山在广西紫荆山设立拜上帝会总机关，他利用基督教某些教条和仪式，根据起义的需要，结合中国的风俗习惯，制定了上帝教的十款天条和宗教仪式，叫作天条书，用来组织群众的纪律。十款天条即：崇拜皇上帝，不好（广东方言，不可）拜邪神，不好妄题皇上之名，七日礼拜颂赞皇上镇恩德，孝顺父母，不好杀人害人，不好奸邪

淫乱，不好偷窃劫抢，不好讲谎话，不好起贪心。接着，洪秀全基于"独一真神上帝""不得拜一切偶像"的宗教信仰，同冯云山和洪仁玕撤去本村塾中的孔子牌位。拜上帝会到处捣毁庙宇菩萨，教人只听上帝命令，"不从清朝法律"，很巧妙地披着宗教外衣，以宗教信仰掀起宗教斗争，又从宗教斗争转化为政治斗争。拜上帝会以桂平紫荆山区为中心，西到贵县，东到平南、藤县，北到武宣、象州，南到博白、陆川以至广东信宜，在这几个州县星罗棋布的农村里面，迅速发展。他们"一人传十，以十传百，百传千，千传万，数县之人……每村或百家，或数十家之中，或有三五家肯从，或十家八家肯从……从者俱是农夫之家，寒苦之家，积多结成聚众"。

随着形势的发展，洪秀全领导拜上帝会群众加紧起义的准备。他们制定圣库制度，规定人人不得私有财产，全部财物归入公库，按需要分配，以保证起义成员生活和战争的需要。韦昌辉、胡以晃、石达开、周胜坤、余廷樟等献出全部家资充起义经费。杨秀清、韦昌辉、萧朝贵等分别在紫荆山区金田、花洲、奇石、陆茵等处秘密制造武器，石达开也在白沙圩地带开炉制造枪炮，准备时机成熟的时候，动员各地教徒到紫荆山区集中。由于影响不断扩大，拜上帝会与当地地主团练、清军屡次发生冲突，斗争日剧。其间，洪秀全、冯云山、杨秀清、萧朝贵、韦昌辉、石达开形成领导核心。1850年7月，洪秀全发令号召各地会众到金田村"团营"（集结队伍加以编排训练），团营指挥部设在金田村，由杨秀清、韦昌辉、石达开主持。

太平天国运动

此后的四五个月内，平南、象州、陆川、博白等地数以千计的会众，扶老携幼举家奔赴金田。到了 11 月，团营人数已达一万多人，其中主要有：紫荆山区的基本群众三千人，由秦日纲率领的贵县龙山银矿矿工等千余人，由石达开率领的贵县客家农民三千人，由黄文金率领的博白等地会众两千人，由蒙得恩率领的平南会众、赖九率领的陆川会众等几千人。金田"团营"期间，拟定了军事编制，实行男女别营，军队的旗帜、衣帽、腰牌有一定的规格，军队的纪律简明而严格；同时赶制武器，筹集军费和物资，为武装起义在军事上作了周密的筹划。

（二）金田起义

1851 年 1 月 11 日，洪秀全 38 岁寿诞这天，他率各地集结而来的会众在金田正式誓师起义，建号"太平天国"，起义军称为太平军，向清王朝宣战，震撼中外的太平天国革命拉开序幕。

1 月 13 日，建号太平天国的第三天，全军废止清朝的剃发制度，全体将士蓄发易服，头裹红巾，离开金田，沿大湟江东下，攻占距金田二十余里的商业重镇江口圩（即大湟江口）。江口圩交通方便，物产丰富，活动余地大，便于转移。太平军一面发动群众，对地主富户开展清算斗争，补充军需；一面依江择险，布置防务。太平军又与天地会武装取得联系，罗大纲、苏三娘等部两千多人愿意遵守太平军纪律，认同拜上帝教教义，集体加入了太平军。

太平军在江口圩经过一个多月的休整，使清政府赢得了调兵遣将的时间。钦差大臣李星沅从桂林急忙赶到柳州，提督向荣也带兵赶到桂平，共集结桂、

黔、滇、楚、粤、闽清军万余人，堵截住太平军的东路。然而，由于太平军准备充分，战术运用合理，仅用两千兵力战胜一万多清军，向荣惊呼"官兵大半心寒"。

3 月 10 日，太平军乘敌人混乱之机主动撤出江口，经新圩、金田直入紫荆山，兵分三路西进

武宣。在迫近武宣时，新任的广西巡抚周天爵恰恰赶到这里，接着向荣的军队也绕道赶至武宣。此后两个月，双方相持于武宣城郊。清军内部发生矛盾，周天爵、向荣意见不一，清兵又贪生怕死，钦差大臣李星沅连急带气，病死于军营。清廷又派首席军机大臣赛尚阿为新的钦差大臣，再调广东清军前来增援。

3月23日，洪秀全在武宣县东乡正式登基称天王，立幼王，建军师，设百官，号召四方。需要说明的是，按拜上帝教的礼制，天上地下只有天父皇上帝可称"帝"号，凡间统治者的最高尊号只能加到王，洪秀全也只称天王而非天帝。同时，确立了五军主将制度：杨秀清为左辅正军师，领中军主将；萧朝贵为右弼又正军师，领前军主将；冯云山为前导副军师，领后军主将；韦昌辉为后护又副军师，领右军主将；石达开为左军主将。五军主将分别统领一军。

太平军编制以军为单位，其兵制是仿照《周礼》"五人为伍，五伍为两，四两为卒，五卒为旅，五旅为师，五师为军"的制度。它的编制，每军设军帅一员，军分前、后、左、右、中五营，每营设师帅一员。每师又分前、后、左、右、中五营，五旅帅分统。旅帅下分一、二、三、四、五五个卒长统带。每卒长下分东、西、南、北四个两司马统带。每两司马下分刚强、勇敢、雄猛、果毅、威武五个伍长统带。每伍长下分冲锋、破敌、制胜、奏捷四伍卒。计军帅统率师帅5员，旅帅25员，卒长125员，两司马500员。每军官员、伍长、伍卒共13155人。军帅之上设有监军、总制。出征的时候，再派大员统率数军出战。

起义之初，洪秀全还颁布了五条军纪，要求太平军严格遵守：1.遵条命。2.别男行女行。3.秋毫莫犯。4.公心和睦，各遵头目约束。5.同心合力，不得临阵退缩。这五条军纪虽然简明，但对增进太平军的团结和加强战斗力起了非常重要的作用，并因此取得广大人民的拥护。此后，在该军纪基础上不断完善，制定了《太平条规》，又称《太平营规》，其中包括"定营规条十要"和"行营规矩十条"两部分。内容规定定营时官兵要恪守天令，熟习天条，分别男营女营，熟习鼓角号令，不得徇私包庇，不许越营误公，不许隐藏兵器，不许讹传将令。行营时必须装备整齐，听令杀敌，不得率乱行列，不许入乡取食，毁坏民房，掳掠财物等，显示了起义军的严明纪律。

太平军在武宣虽打了几次胜仗，但经过数月的战斗，粮饷、食盐、火药都日益缺乏。5月，太平军突破清军防线，离开东乡北击象州。6月，在象州打败清军向荣、乌兰泰（副都统）的追兵，杀敌三百多人。7月，太平军与清军在紫荆山西之双髻山作战失利，被迫突围。洪秀全于茶地下诏，要求全国团结一致，克服困难，杨秀清负责全军的军事指挥，经过一系列整顿，太平军战斗力大为加强。9月，太平军分三路自新墟出发，经五峒山东至平南县之思旺、官村一带，清军副都统乌兰泰部纵火焚掠新墟，提督向荣率部尾追，也到达官村，扎营数十座。太平军在冯云山、萧朝贵等率领下，乘敌立足未稳，突袭劫营，大获全胜，阵斩千总杨成贵，缴获大批军火、器械、粮草、服装等军用物资。乌兰泰见势不妙，止兵不前。向荣部全军崩溃，只得收拾残兵，退入平南县城，托病月余不出，自言是其从军数十年来从未有过之大败，并因此丢了提督顶戴。这是太平军自金田起义以来取得的最大的一次胜利。官村之战后，太平军乘胜北上大旺墟，沿大同江水旱两路直指永安州。

（三）永安建制

经过九个月的战斗，1851年9月，太平军攻占永安（今广西蒙山县）。此后三个月内，永安周围无大的战事。太平军抓住这个有利时机，整顿队伍，补充给养、火药。在永安，洪秀全颁布军律、历法，制定官制，分封诸王，太平天国初步建立了政权，史称"永安建制"。

在永安，太平天国正式封王并建立官制，形成了王、丞相、检点、指挥、将军、总制、监军、军帅、师帅、旅帅、卒长、两司马十二等官阶制度（定都天京后，复增侯爵，位居王之后）。洪秀全于12

起义与农民运动

月 17 日发布封王诏令，封杨秀清为东王、萧朝贵为西王，列一等；冯云山为南王、韦昌辉为北王，列二等；石达开为翼王，列三等。诸王的等级，由"千岁"来体现：洪秀全万岁，杨秀清九千岁，萧朝贵八千岁，冯云山七千岁，韦昌辉六千岁，石达开五千岁。东王杨秀清节制诸王，他主持军政，使得太平天国运动发展迅猛，李秀成曾钦佩地追忆"东王佐政事，事事严整"，"立法安民"，"严严整整，民心佩服"。杨秀清权力极大，是太平天国事实上的领袖，洪秀全则临朝而不理政。太平天国军政领袖杨秀清、宗教偶像洪秀全，形成了一个二元政体，国有二主，这为"天京变乱"埋下祸根。此外，又封秦日纲为天官丞相（后封燕王）、胡以晃为春官丞相（后封豫王）、罗大纲为总制，还任命了一批检点、指挥、将军等各级官员，基本上确立了太平天国的官制。

　　冯云山（约 1815—1852 年），又名乙龙，广东花县人，是洪秀全的同学。1843 年，冯云山与洪秀全一起创立拜上帝会。次年与洪秀全到广西贵县发展会众。同年 9 月只身入桂平紫荆山区，靠拾牛粪、打短工维持生活，历尽艰辛，发展会众两千多人，开拓了紫荆山革命根据地，并培养了杨秀清、萧朝贵等骨干。1847 年秋，洪秀全来紫荆山后，冯云山协助洪秀全设立拜上帝会总机关，参与制定"十款天条"和各种仪式，并同洪秀全领导会众展开捣庙宇、砸偶像的斗争。1848 年春，因遭劣绅控告，冯云山在桂平被捕入狱，在狱中坚贞不屈。冯云山在狱中创制了《天历》，后经会众营救出狱。金田起义时，冯云山任前导副军师，领后军主将，12 月在永安被封为南王。太平天国的重要条规《太平军目》《太平礼制》等，均出自冯云山之手。1852 年 6 月，太平军进攻全州，冯云山中炮负伤，至蓑衣渡牺牲。

　　杨秀清（1820—1856 年），原名嗣龙，广西桂平县平隘山人，世代以烧炭种山为业，生活贫苦。1844 年，他在紫荆山加入拜上帝会。冯云山被捕入狱后，洪秀全外出未归，紫荆山拜上帝会会众发生动摇，杨秀清假托代天父传言，主持拜上帝会事务，团结群众，巩固了拜上帝会组织。从此他取得了代上帝传言的大权。金田起义后为左辅正军师，领中军主将。在永安，他被封为东王，称九千岁，主持朝政，节制诸王。1852 年 6 月攻下湖南道州，用他和萧朝贵的名义发布檄文，号召人民起来推翻清朝统治。定都天京以后，他和洪秀全领导北伐、西征、东征。他战功显赫，位高权重，但是居功揽权，妄自尊大。为了树立个人威严，他杖责过燕王秦日纲、兴国侯陈承瑢、卫国侯黄玉昆（石达开的岳父），甚至借细故小事杖责洪秀全。1856 年 8 月，他假托"天父下凡"，逼洪秀全封他为万岁。9 月 2 日，韦昌辉利用洪秀全与杨秀清的矛盾，突袭东王府，诛杀杨秀清全家。1859 年 11 月，洪秀全追念杨秀清前功，决定 9 月 2 日为太平天国"东王升天节"。

萧朝贵（1820—1852 年），广西武宣县人，出身于贫苦农民家庭。他在紫荆山加入拜上帝会。1848 年，冯云山入狱之时，他假托天兄耶稣下凡，安定人心，被洪秀全承认有代言权，地位仅次于杨秀清。金田起义前夕，萧朝贵回武宣家乡招集会众，并动员同族兄弟参加起义。他断然自毁庐舍，表示破釜沉舟、义无反顾的反清革命决心。金田起义时任右弼正军师，领前军主将，接着在永安被封为西王，称八千岁。1852 年，他指挥部队攻打长沙，不幸中炮牺牲，时年仅三十几岁。萧朝贵忠实坦率，勇敢刚强，在临难时还对太平军将士说："攻取长沙，有进无退。我今天马革裹尸，上登天堂，也是如愿的。"

韦昌辉（1823—1856 年），又名韦正，壮族，广西桂平县金田村人。1848

年带领全家和同族人参加了拜上帝会。不久成为中坚，与洪秀全、冯云山、杨秀清结为兄弟，称天父第五子。金田起义后任后护又副军师，领右军主将，在永安被封为北王，称六千岁。在太平天国初期活动中，他的功劳也不小。定都天京后，他对杨秀清素怀不满，但表面装作顺从。每逢杨秀清轿子来到，就奔前扶轿迎接。论事不到几句话，就跪称"非四兄教导，小弟肚肠嫩（意思是才识短浅），几不知此"。杨秀清借"天父"传言要杖责洪秀全的时候，他要求代天王受杖。其兄同杨秀清妾兄争房屋，杨秀清要他处置，他用五马分尸酷刑治其兄之罪。

起义与农民运动

1856 年 9 月，督师江西时，他利用洪秀全和杨秀清的矛盾，率兵三千星夜回天京诛杀杨秀清及其家眷，并有意扩大事态，杀戮杨部属两万余人，史称天京事变。后他欲加害石达开，又妄图杀害洪秀全。石达开逃离天京，起兵安徽，要求洪秀全杀韦昌辉"以谢天下"。韦昌辉兵败，逃至浦口被擒获，解回天京，洪秀全下诏处死韦昌辉，削其封号，贬为"死孽"。

奇才早已超凡俗
大难临头少弟兄
石达开

石达开（1831—1863 年），广西贵县那邦村北山里客家人，出身于地主家庭，率领两千客家人参加了拜上帝会。金田起义后，被封为左军主将，受封翼王。在太平军由广西向金陵（今南京）进军途中，任开路先锋，屡建战功。1853 年，建都天京后，石达开留京协助洪秀全、杨秀清处理军政要务，后被派到安徽治理新占地区，很有成效。1854 年，西征军在湖南湘潭为曾国藩的湘军所败，节节后撤，武汉失守，九江危急。次年 1 月，他被派增援西征，重创湘军笨重大船于长江水域，在湖北、江西战役中取得胜利。1856 年奉命回援天京，协同燕王秦日纲等部，摧毁清军江南大营，共解天京之围。天京事变发生后，石达开从湖北赶回天京，责备韦昌辉杀人太多，韦昌辉起杀心。石达开逃往安庆，但在天京的家属被韦昌辉杀害。韦昌辉死后，石达开奉诏回京辅政，合朝拥戴。但洪秀全对他并不信任，而重用自己的两个哥哥洪仁发、洪仁达，对其进行牵制。石达开对此极为不满，以天王"重重生疑忌"布告军民，于 1857 年 5 月离开天京。10 月，他带领大批将士离开安庆，转战浙、闽，后折入湖南，进图四川，与湘军作战失利，被迫撤入广西，后在川南、黔北转战年余，接连受挫。1863 年 5 月，他进至紫打地（今四川石棉县安顺场南），为大渡河所阻，又遭清军及士兵围困，进退无路，陷于绝境。他写信给四川总督骆秉章，请"宥我将士，赦免杀戮"，冀图"舍命以全三军"。清将假作答应。6 月，石达开携子入清营后，不仅部属惨遭屠杀，自己也在成都遇害。

太平天国分封的诸王不是空头王、荣誉衔。太平天国诸王是如同先秦一般，实实在在裂土分茅，分封建树的王。洪秀全的分封以《周礼》为依据，杨秀清

太平天国运动

93

等人拥有自己的封地（因占领土地较少，一直没有兑现），在封地实行自治，以天王为共主，成为天王洪秀全的藩属，拱卫天朝。诸王在王府中成立自己的行政机构，各自拥有独立的宰辅、将佐，并分设六部，成立朝中之朝。洪秀全又允许诸王独立招兵，成立各王的私军，称东殿军、西殿军、翼殿军等。各王侯封爵世袭，其未继位之嫡子王储也称王，加一幼字于前，如幼天王、幼南王等。另外，为了表示太平天国诸王无上的地位，洪秀全规定：太平天国所有文书提及古今中外其他政权的王，统统加一“反犬旁”，写作“狂”。

在建立官制的同时，太平天国颁行天历，废清朝纪年，以金田起义之年（1851 年）为太平天国辛开元年，1852 年为太平天国壬子二年。规定一年为 366 日，单月 31 日、双月 30 日，立春、清明、芒种、立秋、寒露、大雪六节气为 16 日，其余十八节气皆 15 日。对于旧历书中的生、克、吉、凶等封建的清规戒律，一概斥之为“邪说歪例”，“尽行删除”。年、月、日仍用传统的干支记法，但将地支中“丑”改为“好”、“卯”改为“荣”、“亥”改为“开”，其记日的干支比当时阴历早一天，其礼拜日则比公历也早一天。太平天国颁布自己的历法，是对清朝“正朔”的公然否定，是宣布与清朝决裂的有重大政治意义的行动。

另外，因“贵贱宜分上下，制度必判尊卑”，太平天国颁布《太平礼制》，规定了一整套严格的尊卑等级和烦琐的礼仪制度。《太平礼制》规定了各级诸王、将领、士兵的服饰、称呼、朝仪上的级别。关于服饰，由于洪秀全极“脱俗”的品味，规定“红黄二色，为天朝贵重之物”，只有官员可“遵官职制造穿着，无官之人，仅准红色包头，其汗袍、蚊帐、足裘尤不准用”“以判崇卑”，如有不遵定制，即“斩首不留”。关于仪卫舆马，规定官员都坐轿，天王轿夫六十四人，东王轿夫四十八人，最下至两司马还有轿夫四人。东王仪仗多至数百人，有开路龙灯等器物。如此等等，可谓繁缛琐碎至极。

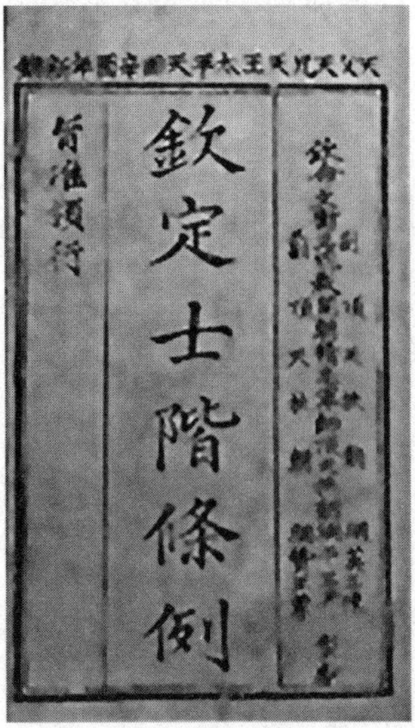

洪秀全还多次诏令全军不得私藏所获财帛等物，一切战利品都要上交天朝圣库，违令者治罪；不得违反十款天条；命太平天国将士蓄发；刊刻颁

行《太平诏书》《天条书》《太平军目》等太平天国官方文书。"永安建制"为太平天国政权奠定了初步规模，使太平天国军队士气大振，政权的凝聚力大大提高。

（四）顺利进军

1852年4月，清军已集中四万兵力包围永安。洪秀全率军突围，兼程北上。经全州时，南王冯云山不幸中炮牺牲。6月10日，太平军在全州城北的蓑衣渡，中了江忠源所率楚勇伏击，激战两天，损失很大，经蓑衣渡一战，太平军精锐、辎重尽丧，穷蹙已极，不复有攻长沙取湖南之力。太平天国领导层也发生动摇，洪秀全等人几乎起了散伙的念头，幸得杨秀清一力支持局面，鼓舞士气。史载："官兵追剿，屡屡穷蹙。秀全及群贼皆有散志，独秀清坚忍，多施诡计，笼络群丑，败而复炽。"

此战失利后，太平军进入湖南，轻取道州，转战江州、永州，沿途清军抵抗甚微，太平军打击官吏豪绅地主，焚烧官衙，没收浮财，烧毁地契、粮册、债券，深受人民欢迎。湘南三合会起义部队纷纷来投，太平军扩大实力，攻城略地，所向披靡。太平军仅在道州就扩军至三万，经江州、永州扩军，又得兵两万，入郴州，又招得两三万人。其中能征惯战的将士五万有余，尤其招得矿工数千人，另立土营，专事穴地攻城，攻坚能力大为提高。到9月间，太平军已达十万多人。

萧朝贵率一支先锋部队经永兴、安仁、茶陵、醴陵直取长沙。在长沙城下，萧朝贵不幸被炮击中而归天。杨秀清、韦昌辉、石达开接手长沙太平军指挥，而清军也有左宗棠、江忠源、张国梁、向荣等将才坐镇，太平军湘南精锐对决数量相当的清军王牌楚勇、捷勇，两军对垒，可谓空前。长沙围城战后期，成为太平天国战争史上最为惊心动魄的三场大战之一（其余两场为陈玉成安庆血战曾国荃、鲍超，石达开与左宗棠、李续宜宝庆会战）。长沙城居民的乐天和无畏，历史罕见。太平军与清军厮杀数月，长沙百姓竟然同往常一样悠闲地过着小日子，甚至携带酒食上城观战，如同一句贵州民谣："贼杀贼，官杀官，与

太平天国运动

我百姓无相干。"长沙围城数月，"行人来往自如，入城者唯避南门，其余六门皆可缒以入。街巷间妇女娱游，酒食过从，盛于平时，忘其为围城"。守城清军如同上下班一般，每日点卯之后可以自行下城休息吃饭。然而，太平军围攻长沙八十一天未能攻克，后渡湘水经西岸北进，从此一帆风顺，出洞庭，入长江，下江南，清军再没有阻挡的能力了。

1853 年 1 月，攻克武昌，击毙湖北巡抚常大淳等，军威大震，又有数万人加入太平军，这时太平天国队伍总人数增至五十余万。经短期休整后，1853 年 2 月，太平军开始了顺江而下的胜利大进军，水陆两路，齐头并进，黄旗蔽日，帆幔弥江。陆路由胡以晃、林凤祥、李开芳统领，水路由杨秀清、韦昌辉、石达开、秦日纲、罗大纲、赖汉英统领，洪秀全则乘坐龙舟居船队之中。由于太平军进军神速，清政府重点在河南组织防御，害怕太平军北上，因而在长江中

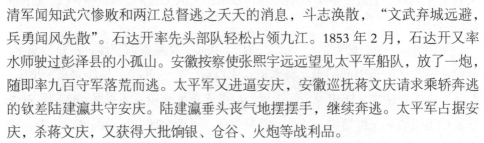

下游还来不及建立强有力的防御体系。太平军所向无敌，迅速攻克黄州、蕲州，进逼武穴。

武穴是江防重镇。两江总督陆建瀛派总兵恩长率四千清军先到此地，准备砍伐树木，在长江中设置障碍，拦截船队。谁知太平军已抢在拦江之前赶到，正在睡梦中的清军被太平军的枪炮声、杀妖声惊醒，乱作一团。太平军攻入敌营，举刀砍杀，清军尸横遍地。恩长见全军覆没，投江自杀。亲率两千官兵溯江西上的陆建瀛，听说恩长全军被歼，又远远望见太平军水师排山倒海一般开来，吓得魂飞魄散，急忙换乘小船飞速逃往南京。在九江驻守的清军闻知武穴惨败和两江总督逃之夭夭的消息，斗志涣散，"文武弃城远避，兵勇闻风先散"。石达开率先头部队轻松占领九江。1853 年 2 月，石达开又率水师驶过彭泽县的小孤山。安徽按察使张熙宇远远望见太平军船队，放了一炮，随即率九百守军落荒而逃。太平军又进逼安庆，安徽巡抚蒋文庆请求乘轿奔逃的钦差陆建瀛共守安庆。陆建瀛垂头丧气地摆摆手，继续奔逃。太平军占据安庆，杀蒋文庆，又获得大批饷银、仓谷、火炮等战利品。

（五）占领南京

太平军接着又连克池州、铜陵、芜湖、和州。清军兵败如山倒，沿江防卫

兵勇纷纷不战而逃，而两岸的天地会成员及贫苦群众踊跃参加太平军。3月，太平军兵临南京城下。陆建瀛身为两江总督，总管南京兵防，却只会粉饰欺君，面临危局，束手无策。他自从逃回南京后，即深居简出，三天不会客，不办公。在他的影响下，江苏巡抚杨文定托言防守镇江，溜到苏州。不久，太平军攻破南京外城，斩陆建瀛。

　　南京城虽然被攻克，但城中之城——满城尚在旗人士兵的控制中。南京满城是原明朝皇宫旧城，城垣极其坚固，防御工事完备。因为太平天国以民族革命者自居，推行对旗人的无区别杀戮的政策，城中旗人只得与太平军死战到底，因此满城的战斗，惨烈的状况前所未见。杨秀清连续发动三次强攻，都被打败，阵亡数千人，积尸与城平。旗人士兵虽然抵抗十分凶猛，但抵不住太平军庞大的人力优势。杨秀清让部队轮批上阵，以车轮战术消耗清军，战斗持续数日，旗兵竟有人"力尽气竭而死"，杨秀清又下令投降的旗人可以免死，旗人的士气顿减。太平军乘机猛攻，一举突破城墙，清军主帅祥厚自刎，其余清将均为太平军所杀。洪秀全下令，全城捕杀旗人，"有擒得旗人者，赏银五两"。于是城中的汉人都起来搜捕追杀旗人，旗人两万余人几乎全部被杀，太平天国在付出数万人的惨痛代价后，全面占领南京。之后，肃清残敌，恢复秩序，北王韦昌辉、东王杨秀清先后入城。

太平天国运动

二、太平天国的发展

(一) 定都天京

攻克南京后，建立首都的问题摆在太平天国领导者的面前。本来，洪秀全欲取河南为都，杨秀清欲取南京为都，双方意见相左，争论不休。后来因太平军在岳阳等地获得大量船队，组建庞大水师，取南京似比河南更易，杨秀清的意见才占了上风。1853年3月底，迎接天王洪秀全进城，以两江总督府为天朝宫殿，改南京为天京，定为天国都城。从此，在南方出现了一个与北方的清政府遥相对峙的农民革命政权，太平天国正式建立了政权。

在政权形式方面，天王洪秀全为太平天国的最高领袖，儿子洪天贵为幼主，是其法定继承人。洪秀全开始在原两江总督府的基础上大修天王府，以表示自己天上地下独一无二的地位。新建成的天王府方圆十余里，数倍于明故宫。洪秀全爱好壁画艺术，于是天王府内以泥金彩绘壁画，以绸缎裱糊窗户，处处饰以精美的雕刻，十分富丽堂皇："盘龙骞凤，重规叠矩"，"穷极侈丽"。有人讽刺道："千村万落尽焦土，宫中尚挂珠灯红"，"盘龙与骞凤，留戒世人看"。

天王之下设王、侯两级爵位（后来在诸王之下陆续设义、安、福、燕、豫、侯六等）；职官上，王爵之下设军师、丞相、检点、指挥、将军等。洪秀全并不具体处理政事，他"临朝不理政"，杨秀清的东王府成为实际上的总理国务的机关，掌握着实际上的军政大权。东王府设有吏、户、礼、兵、刑、工六部尚书及其属员。在人员编制上比天朝宫殿多一倍以上，总数达三千五百多人。天京的内政外交、军事战略、政策制度，都由杨秀清来决定，由东王府组织实施。在地方上，太平天国分省、郡、县三级。省级政权的行政长官，由中央统属"朝内官"的丞相、检点、指挥等官员担任。郡设总制，县设监军，称为"守土官"

或由太平天国中央直接委派"朝内官"充任，或由当地统军将领随时委派然后呈报中央批准。县以下的基层单位则实行乡官制度。

按照一贯的做法，南京城内强化圣库制度，不仅一切征收和缴获统归圣库，还宣布"商贾资本，皆天父所有，全应解归圣库"，随即把私有的房产、金银、粮食、货物等，一律收归公有。天京军民的生活所需就全由圣库供应，但供给标准，官兵、官民实际上有差别。这种企图用行政命令的方式人为地消灭私有财产，实行平均分配，是违背当时社会规律的，也必然侵害到下层老百姓的利益，挫伤他们的积极性，引起他们的不满和抵触。这种制度，没有也不可能在社会上推广开来。因此，在天京城试行了一段时间，就自行废除了。

太平天国定都天京后，试图废除家庭，在居民中实行军事共产主义。太平军从金田起义后，军中分男营、女营，即便夫妻也不能同居（天王、东王、北王、翼王、燕王五人除外）。进入天京后，杨秀清下令将全城家庭全部解散，居民分为男行、女行，设馆分居，每馆大约二十五人。16—50岁的男子称牌面，全部编入军队当兵。老弱病残的男子称牌尾，做点简单的粗活。女子除选少数机灵美貌的进入诸王府担任女官和侍女外，挑选善于女红的编入锦绣营，从事生产辅助劳动和集体手工业劳动。长期拆散夫妻，导致人们怨声载道，也违背了现实生活需要和社会经济发展的客观规律。到了1855年初，杨秀清不得不下令恢复家庭，允许夫妻团聚，父母与子女团聚。

太平天国对孔子和儒家经书的正统权威进行了冲击。洪秀全对"四书五经"进行了删改，并印发了大量的太平天国的文书，比如经他删改和解释后的《圣经》，新编的识字教材《御制千字文》，新《千字文》开头几句是这样的："唯皇上帝，独一无二。当初显能，造及天地。万物齐全，生人在世。分光隔暗，昼夜轮递。日有苔照，星辰协治。风偃四方，吹嘘猛厉。悠然作云，雨下空际。洪水退后，悲悯约誓。"太平天国在考试制度上也进行了一些改革，与考的人"不论门第出身"，考试题"不本四书五经"，需出自《旧遗诏圣书》《新遗诏圣书》《天命诏旨书》等。考试的等级和中试者功名也只是作了名称上的改动。

　　天京的社会生活面貌也发生了一定程度的变化。洪秀全下命令，严厉禁止鸦片，禁止饮酒，禁止赌博，禁止嫖娼……凡吸烟、饮酒、宿娼、开娼的人，一律砍头。此外，在太平天国，妇女地位有所提高。天国政府在民众中提倡一夫一妻制，还禁止缠足，给予妇女在经济、政治、教育、军事等方面的平等地位。这些是保护妇女、革除社会陋习的一项有重要意义的政策。

　　定都天京后，英法美三国公使先后到太平天国的统治区或天京进行访问，希望太平天国承认与清政府签订的不平等条约，但太平天国不予承认。1854年，杨秀清《答复英国人三十一条并责问五十条诰谕》中提出了对外关系的准则："我主天王，奉天行道，凡事秉至公，视天下为一家，胞与为怀，情同手足。"提倡平等往来，互不侵犯。在通商方面，太平天国宣布"平定时，不唯英国通商，万国皆通商"，但他们严肃指出"通商者务要凛遵天令"，"害人之物（主要指鸦片）为禁"。

（二）北伐和西征

　　太平军定都天京后，清政府气急败坏，马上组织军队反扑，试图封锁困死天京。钦差大臣向荣带清军1.4万余人，1853年3月赶到天京城东沙冈、孝陵卫，建立江南大营。4月，另一钦差大臣琦善，带直隶、陕西、黑龙江、吉林等地骑兵、步兵1.8万人，在扬州城外建立江北大营。这两个大营虽不能对天京有致命的威胁，却也屡屡制造麻烦，成为天国的肘腋之患。为巩固政权，太平天国在天京外围积极作战，同时决定出师北伐、西征。

　　1. 太平军的北伐

　　1853年5月，洪秀全派天官副丞相林凤祥、地官正丞相李开芳、春官副丞相吉文元等率两万多太平军将士北伐。

　　林凤祥，广西武鸣人，出身于农民家庭。他在紫荆山参加拜上帝会，历任将军、天官副丞相等官职。他在萧朝贵率领下攻打过长

沙，和胡以晃率陆军沿长江两岸东进，攻打南京。攻克南京以后，他受命攻克镇江、扬州等地。1853 年 5 月，他和李开芳率领两万多人出师北伐。他们从扬州出发，攻入安徽，吉文元等赶来亳州会师，向河南挺进。6 月，归德村（今商丘）一仗，毙伤清军三千多人。7 月，他们率军由汜水口渡过黄河。8 月，他们进入山西，复东折回河南，进入直隶。9 月，北伐军前锋迫近保定，震惊北京。10 月，他们攻克沧州，沿运河北上，月底进逼天津。由于清军放运河水阻挡，林凤祥孤军无援，11 月率军南撤。1855 年 3 月，林凤祥在连镇率军突围，受伤被俘，槛送北京，被寸磔（凌迟）处死。临刑的时候，"刀所及处，眼光犹直视之，终未尝出一声"。

李开芳，广西武鸣人。金田起义后，他历任监军、地官正丞相等官职。进军武汉和南京时，他和林凤祥等任先锋。他和林凤祥等奉命北伐，由于正面进军困难，他从深州（今河北深县）东攻克静海。为了迎接天京派来的援军，他率军攻占山东高唐。北伐援军在临清败退，他就从高唐移至荏平县冯官屯。僧格林沁率骑兵一万多人包围冯官屯，并引运河水灌太平军。李开芳多次突围未成功。他打算利用诈降的办法来摆脱困境，但被僧格林沁识破，李开芳在冯官屯被俘后，"仰面四顾，毫无惧色……笑语如常，旁若无人"。1855 年 5 月，李开芳与部将八人被害于北京。

太平军经浦口向滁州方向挺进，击溃察哈尔都统西凌阿两千骑兵。由秋官正丞相朱锡锟统率的另一支北伐军则由浦口取道六合北上，在六合龙池击败清军四千骑兵，后西走滁州，与林凤祥、李开芳部队会师。从此，北伐军进军迅速，连续攻克怀远、蒙城、亳州等县，进入河南，直逼归德（今商丘）城下。太平军开炮轰击，捻军在城中作内应，打开南北两门，遂攻占该城，杀参将范正伦等清军官兵近四千人，缴获火药两万余斤，铁炮无数。河南巡抚陆应谷弃轿逃窜，免于一死。这是北伐军第一次大胜仗。

北伐军打算从归德府城西北四十多里的刘家口渡黄河，取道山东进攻北京。到刘家口，敌人采防河战略，把渡船烧光，无船过渡。绕道到河南巩县，从洛河偷渡黄河。过黄河后，经怀庆府休整，绕行山西进入直隶。刚刚受到朝廷封赏的清军都统胜保率兵紧追不舍，但太平军进军神速，胜保一路尾随，疲于奔命。太平军在路边竖起木牌，上写"胜保免送"。

北伐军进入太行山区，经晋、冀、豫交界的涉县、武安，出其不意直抵临洛关，再由临洛关北上，于9月直迫保定，就像一把尖刀直插清朝统治的心脏。咸丰皇帝吓得要逃往热河，诏谕各省巡抚将税收送到热河行宫。当咸丰召集王公大臣议事时，"皆涕泣丧胆，眼眶肿若樱桃"，京师官员"无不如鸟兽散"，官绅富户卷起金银细软逃出城的达三万多户。

咸丰急令惠亲王绵愉为奉命大将军，科尔沁郡王僧格林沁为参赞大臣，总统四将军督师会同钦差大臣胜保所部进行抗拒，调大军汇集到北京、保定一带。

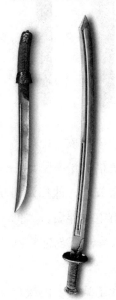

北伐军被阻，从深州乘虚而东，改从东面攻北京。北伐军乘虚东进，连下献县、交河、沧州、青县、静海，前锋直抵杨柳青，进逼天津。时值天津地区大水，到达北京东南的静海，淹没道路，无法行进。此时京、津清军防御已严密，加上冬季来临，太平军将士很不习惯北方的严寒，北伐陷入停顿。

1854年3月，北伐军粮尽，退到阜城，5月，再退守东光连镇，等候增兵。此时，天京援军到达山东，攻克临清州。李开芳带骑兵去迎接，到高唐州，知援军已溃败，乃入守高唐州，于是北伐军分为两地。北伐军本已兵力单薄，如今又被分隔包围，处境更危急。1855年3月，连镇被僧格林沁攻陷，林凤祥受伤被俘。高唐李开芳部太平军走冯官屯，僧格林沁仍筑墙包围，并引运河水倒灌，俘李开芳。

北伐军以孤军远征，苦战两年，驰驱六省，迫近北京，转战5000里，最终全军覆没。但北伐军艰苦卓绝的斗争，震撼了清朝统治的心脏，牵制大量清兵，客观上对太平军西征起到了支持作用。太平天国只派两万多人的北伐军孤军深入，与后方隔绝，粮饷无济，加之处于四战之地，只得采取避实击虚、忽东忽西的战略，最终难以逃脱丧亡的命运。

2. 太平军的西征

在北伐的同时，太平天国为了巩固天京，控制长江中游，开始西征。太平天国孤军北伐遭到覆败，但西征却取得辉煌的胜利。

　　1853年5月中旬，洪秀全派春官正丞相胡以晃、夏官副丞相赖汉英等率战船千余艘，兵员两三万人，自天京溯江而上西征。西征军的进展比较顺利，先后攻下安庆、九江、武昌等地。

　　1853年秋，翼王石达开奉命出镇安庆，节制西征，将西征军分成两路，北路由胡以晃和曾天养率领，进军皖北。

1854年1月攻克庐州（今合肥），相继收复周围22个县，新任安徽巡抚江忠源兵败后投水自杀。西征军的南路由石祥祯、韦志俊率领，挺进湖北。1853年10月攻克汉口、汉阳。1854年2月在黄州（今黄冈）大败清军，击毙湖广总督吴文镕，进而围攻武昌，分军进攻湖南，遭遇到劲敌曾国藩的湘军，而此时石达开已回京述职。

　　曾国藩（1811—1872年），字伯涵，号涤生，原名子城，派名传豫，清湘乡县荷叶塘（今双峰荷叶乡）人。1838年考中进士，入翰林院，先后任翰林院庶吉士、侍讲学士、文渊阁直阁事，后擢内阁学士兼礼部侍郎衔，后又担任过兵、吏部侍郎。曾两次上疏，为清廷出"教诲、甄别、保举、超擢"之策，为朝廷赏识。1852年，出任江西乡试正考官，忽报母丧，告假回家守孝。

　　其时，太平军从广西进军湖南，围长沙，克武昌，轻取沿江州县，江南大震，咸丰皇帝见八旗、绿营兵不是太平军的对手，便命令大江南北各省官僚地主举办团练。曾国藩奉命在湖南帮办团练，创建了湘军。曾以罗泽南的乡勇为基础，"别树一帜，改弦更张"，创办以"忠义之气为主"的湘勇，招募身强力壮的农民为士兵，组成一支地主阶级武装。利用封建宗法关系作为维系湘勇的链条，士兵由营官招募。每营士兵只服从营官一人，整个湘勇只服从曾国藩一人，形成严格的封建隶属关系，克服了绿营"将不知兵，兵不用命"的弊端。1854年，湘勇练成水陆两军1.7万余人，成为镇压太平军、维护清王朝统治的重要支柱。

　　1854年4月下旬，太平军与湘军在靖港、湘潭一带激战。在靖港，太平军用炮火猛烈轰击湘军水师，打得湘军船只在江中团团乱转，前进不得。陆路湘军在太平军的打击下，纷纷争上浮桥逃命。曾国藩树立令旗，下令"过旗者斩", 但兵败如山倒, 人人争先恐后从旗旁绕过, 向后狂奔。这一仗, 湘军战船损失三分之一, 炮械损失四分之一, 差点全军覆没。曾国藩羞愤交加, 投水自杀, 部下把他救起, 逃归长沙。

然而, 这次胜利并没有把湘军武装彻底歼灭, 太平军退守岳阳, 从而给了曾国藩以喘息之机。曾国藩用了三个月的时间, 重造战船, 再募士兵, 准备反扑湘潭。而湘潭太平军由一个在军事上无能的春官副丞相林绍璋统率, 三日三败, 全军覆没, 这是太平天国起义以来损失最惨重的一次战斗。1854 年夏秋, 太平军在西征战场遭遇湘军的凶狠反扑, 节节败退, 失地千里, 湘军直犯到九江、湖口。

危急时刻, 石达开再度出任西征军主帅, 亲赴前线指挥。1855 年初, 西征援军到达湖口后, 诱敌舢板战船陷入鄱阳湖, 将湘军水师分割为外江、内湖两支, 留在长江上都是长龙、快蟹等笨重的战船。石达开抓住战机, 乘夜派小艇数十只, 放火袭攻长江上的湘军大船, 取得重大的胜利。湘军败退九江。2 月, 太平军又在九江再次痛歼湘军水师, 夺曾国藩座船。曾又投水自尽, 被部下救起, 逃往南昌。九江、湖口的胜利成为西征战局的转折点。西线军事步入全盛。

太平军在湖口大捷后, 乘胜反击, 再度攻占汉阳、武昌。同年秋天, 石达开又挥师江西, 四个月连下七府四十七县, 由于他军纪严明, 施政务实, 爱护百姓, 求贤若渴, 江西人民争相拥戴。江西十三府中的七个府城, 五十多个州县, 都望风归附。队伍很快从一万多人扩充到十万余众, 清廷官员哀叹"民心全变, 大势已去"。

1856 年 3 月, 石达开在江西樟树又大败湘军, 至此, 湘军统帅曾国藩所在的南昌城已经陷入太平军的四面合围, 对外联络全被切断, 可惜此时江南大营猛攻天京, 石达开被调回天京参加解围战, 给了曾国藩喘息之机。

太平军西征虽受到一些挫折, 但总的看还是取得了胜利, 使千里长江成为太平天国的一条生命线, 粮食和其他物

起义与农民运动

资源源运进天京，为太平军一举击溃清军江北、江南大营创造了有利条件。

3. 天京破围

天京门口的清军江北、江南两个大营一直威胁着天京的安全，1856 年 2 月，太平天国从西征战场上调回燕王秦日纲、冬官正丞相陈玉成等去解镇江之危境，横扫围城清军。随即又一鼓作气攻击围困瓜州的江北大营。江北大营清将托明阿、陈金缓等竟相逃命，残部无心恋战，江北大营被粉碎了。

1856 年 5 月，石达开与秦日纲会师天京，参加天京解围战，杨秀清也派军队出城接应，大破清军江南大营，打垮清朝钦差大臣向荣驻扎在天京东门孝陵卫的江南大营，向荣溃逃丹阳，自缢而亡。这时，长江千里，上自武汉，下至镇江，包括江西、安徽大部分地区在内，都归太平天国版图。新克州县，人民争先归附。"东王佐政事，事事严整，立法安民"，"民心佩服"。太平天国革命达到了鼎盛时期。

三、太平天国的政治纲领和治国方案

太平天国运动本以推翻清政府的统治为重要目标，与历史上的农民革命本无差别。但鸦片战争之后，外国资本主义侵略势力入侵，太平天国革命在新的历史条件下，还要担负起反对外国资本主义侵略的新任务。因此，太平天国的政治纲领和治国方案前后颁布了《天朝田亩制度》和《资政新篇》。

（一）《天朝田亩制度》

1.《天朝田亩制度》简介

《天朝田亩制度》是太平天国定都天京后，于 1853 年颁布的一个以解决土地问题为中心的全面的农民革命斗争纲领和社会改革方案，包括社会组织、军

事、文化教育诸方面的太平天国的纲领性文献。《天朝田亩制度》的基本内容，是根据"凡天下田，天下人同耕"的原则，规定"凡分田照人口，不论男妇，算其家口多寡，人多则分多，人寡则分寡"。《天朝田亩制度》是太平天国颁布的以土地制度、圣库制度为核心的反封建的革命纲领。它是"天下一家，共享太平"的"天国"的具体化与纲领化。

《天朝田亩制度》是几千年来农民反封建思想的结晶，是农民阶级所能提出的最完整的反封建纲领。它宣布要废除封建土地所有制，建立平均主义的公有制社会。这幅美好的"天国"蓝图，毕竟是小农经济的产物，它的理想社会是以平均主义为指导思想，以个体生产为基础的，每个社会成员都平均地保有少量土地财产，但生产、生活资料却要归圣库，这就无法极大地调动农民的生产积极性，不可能使社会生产力向前发展。因此，它只是空

想。再加上当时的战争环境，这个制度根本无法实施。

2.《天朝田亩制度》的主要内容

（1）平分土地

《天朝田亩制度》宣布"凡天下田，天下人同耕，此处不足，则迁彼处，彼处不足，则迁此处"，要求根据新的原则，重新平分土地，把土地按土质的好坏、产量的多少分为上中下三级九等，好坏搭配，"凡分田照人口，不论男妇，算其家口多

寡，人多则分多，人寡则分寡"，凡 16 岁以上的男女都可以分得一份等量的土地，16 岁以下减半。这种平分土地的制度，是为了建立一种一切财产公有制，最终实现"天下共享天父上主皇上帝大福，有田同耕，有饭同食，有衣同穿，有钱同使，无处不均匀，无人不饱暖"的理想社会。

（2）圣库制度

圣库制度是从金田起义时就实行的。到建都天京后，根据"天下皆天父上主皇上帝一家，天下人人不受私，物物归上主"的原则，设立天朝圣库，总管全国公有财产，统筹军民生活。一切征收缴获的金银钱粮，以及私人财产，商贾资本，都归圣库，不得个人私有。上起天王，下至士兵，都不领俸饷，生活供给大体平均。天京人民也完全和官员士兵一样，全部生活，包括医药、儿童教育、养老院，全由圣库供给。这是太平天国进行的一次重大的社会改革。

（3）乡官制度

乡官制度是太平天国军政合一、兵农合一的地方基层政权制度。《天朝田亩制度》规定：县以下设各级乡官，负责管理地方民政和百姓的经济、文化生活。乡官主要通过选举，由本地人充任。乡官的体制、称呼与军队完全相同，设军帅、师帅、旅帅、卒长、两司马、伍长。军帅统五个师帅，师帅统五个旅帅，旅帅统五个卒长，卒长统四个两司马。两司马管 25 家，卒长管 100 家，旅帅管 500 家，师帅管 2500 家，军帅管 12500 家。连军帅至两司马官员 656 家在内，一军共 13156 家。在军帅之上直接领导乡官的有总制和监军，"皆受命于朝，为守土官"。与乡官制度并行的又有乡兵制度："每军每家设一人为伍卒"，

太平天国运动

起义与农民运动

由乡官统领，有警卫兵，杀敌捕贼；无事为农，耕田生产。

《天朝田亩制度》规定：一军中以 25 家为基层单位，称作"两"，由两司马主持。每"两"设国库一所、礼拜堂一所（两司马住在里面）。每当收获季节，由两司马督率伍长进行分配，除留下 25 家每人所需可接新谷的口粮以外，其余收入皆归国库。副业产品如麦、豆、苎麻、布、帛以至鸡犬各物也是一样公平处理。婚娶、弥月、丧事，都照定额由国库供给，鳏、寡、孤、独、废疾也由国库供给养；每逢礼拜日，由伍长率领所属男女前往礼拜堂听"讲道理"（演说），儿童则每天都要到礼拜堂，由两司马教读《旧遗诏圣书》《新遗诏圣书》和《天命诏旨书》等太平天国文献。这个制度是中国近代人民民主政治思想的萌芽，也是中国历史上从未有过的创举，对巩固革命政权起了巨大的作用。

此外，《天朝田亩制度》还对婚姻、宗教社会和官员的奖惩、黜陟以及人们的司法诉讼等都作了严格的规定。

3.《天朝田亩制度》的历史意义

《天朝田亩制度》的颁布是中国农民战争史上具有划时代意义的一件大事，在当时的历史条件下起了巨大的革命作用。《天朝田亩制度》重新平分土地，彻底废除封建土地所有制，并把历代农民战争中平均、平等思想发展到了前所未有的新水平，满足了当时农民渴望获得土地的要求，使两千多年来中国农民所渴望的大同世界的理想，在这里得到了最鲜明最强烈的反映，并鼓舞着千百万的群众为反封建而进行勇往无前的斗争。

但是，《天朝田亩制度》在当时的历史条件下，违背了社会发展规律，是一种空想的农业平均主义。《天朝田亩制度》颁布后半年，由于天京缺粮到了形势紧迫的地步，无法解决，不得不采取"照旧交粮纳税"政策以求取得粮食来救急，因而暂时未能实行平分土地方案。不过，太平天国对凡被称"妖"的官僚和反抗革命的地主以及寺庙、祠堂等的田产，一概没收，分给农民耕种，在一定程度上实现了耕者有其田。

乡官制度在太平军占领地区确曾建立，尽管并未完全实行原来规定的各项职能。各级乡官在紧张的战争条件下，催征钱粮，供应军需，维持地方治安，配合太平军作战，发挥了极其重要的作用。以上这些举措，都沉重地打击了封建统治，使封建土地关系受到不同程度的破坏，并推动了农民战争的蓬勃发展。

此外，《天朝田亩制度》体现了对妇女权利的尊重，规定"凡分田照人口，不论男妇"，"凡男妇每一人自十六岁以尚（上）受田"，这确立了妇女与男子在经济上的同等地位；"凡礼拜日，伍长各率男妇至礼拜堂，分别男行女行，讲听道理"，还可以接受教育，参加科举考试，这确立了妇女与男子在教育上和社会上的同等地位；此外，废除封建婚姻，"凡天下婚姻不论财"，实行男女自主的婚姻。妇女还可以在女营和军中担任两司马到军帅，甚至女丞相、检点、指挥之职，在天京主管妇女制刺金彩冠服生产的行政人员中，也有相当于监军、总制、将军、指挥之职的女官。太平天国对妇女所做出的这种业绩，是近代中国人民革命的光荣史绩之一。

太平天国运动

（二）《资政新篇》

1.《资政新篇》简介

《资政新篇》是 1859 年洪仁玕到天京担任军师时，上奏天王洪秀全陈述他向西方学习草拟的建国方案。天京变乱发生后，洪仁玕总理朝政。他决心通过改革挽救危局，从而创造一个"太平一统江山万万年"的"新天、新地、新人、新世界"。为此，1859

年冬，他提出了一个改革内政和建设国家的新方案——《资政新篇》，经天王洪秀全批准后，作为官方的文书正式颁行，是太平天国后期的重要文献。《资政新篇》并不是太平天国第二个政治纲领，只是给太平天国农民政权提供发展资本主义的方案。

《资政新篇》的基本思想是使太平天国效法西方，从"用人"与"设法"两方面，进行政治、经济、文化等改革。全文除前言外有四部分："用人察失类"（选官用人类）部分，主要讲"禁朋党之弊"，加强中央集权。"风风类"（人心风气）部分，主要讲通过教化破除愚昧、骄奢等旧的思想习俗，倡导学习西方科学技术。"法法类"（立法）部分，集中提出了28条政治经济改革的立法主张，为全文重点。"刑刑类"（刑律司法）部分，着重讲刑事立法司法。这四类互相联系，其中是有互相补充之处的。《资政新篇》的政治改革方案，法制思想占有突出的位置。

2. 洪仁玕（1822—1864年）

广东花县官禄村人，洪秀全的族弟，任村塾教师。他是拜上帝会最早的信徒之一。金田起义的时候，他正在广东清远县教书，为躲避清政府的缉捕，他两度避居香港。在此期间，他结交西方传教士，学习西方文化科学，了解欧美国家政治经济情况，深受资本主义影响，成为具有资本主义思想倾向的先进人物。1859年到达天京。洪秀全封他为干王，晋位军师，总理政事，不久就向洪秀全提出"以资国政"的政纲《资政新篇》，得到洪秀全的赞赏。1861年，他兼理太平天国的外交事务。天京陷落的时候，他在安徽广德。幼天王洪天贵福从天京突围，到广德与他会合。洪仁玕准备重振革命事业，但不幸在江西被捕。他在狱中写了表彰太平天国的"自述"，痛斥外国侵略者对太平天国的干涉。11月，他在南昌从容就义。洪仁玕在绝命诗中写道："天国祚虽斩，光复待他年。"表达了他对革命的坚定信念。

3. 《资政新篇》的主要内容

(1) 政治方面

洪仁玕特别强调加强中央集权，反对分散主义。天京事变后，太平天国迫切需要加强集中和统一。因此，他提出要"禁朋党之弊"，务使"权归于一"。为达到这个目的，他主张赏罚分明、以法治国。同时，仿效西方进行了政治制度方面的改革尝试。如提出了加强地方政权建设的建议；主张在各省设新闻官，听取社会舆论；在地方设投票箱，由公众选举官吏等。

(2) 经济方面

《资政新篇》强调治国立政应审时度势，英、美、法等国，"技艺精巧，国法宏深"，富足强盛，可为太平天国"取资"。主张学习西方，发展工商业，设立各种工商机构和工商团体；主张"兴车马之利""兴舟楫之利"以发展交通运输业、水利事业；开办工厂，制造"精奇利便"之器具；兴办矿业，开采金、银、铁、煤等矿；创办银行，由银行发行银行券，以及举办邮政、社会保险和社会福利事业等等。文中还提出，上述应兴之业，要由私人（"富民"）投资兴办，自行经营，取得利润（取息），"富民纳饷，禀明而立"；要实行专利权制，鼓励发明创造；要实行雇佣劳动，禁止使用奴婢，如此等等。所提主张，实质是试图在中国发展资本主义经济。

(3) 思想文化及社会风俗方面

《资政新篇》在坚持太平天国反对封建旧思想、旧文化、旧习惯、旧风俗的同时，提倡向西方学习。反对迷信，规定"禁庙宇寺观"，"革阴阳八煞之谬"，"焚去一切惑民之说"；严禁买卖人口，规定"禁溺子女"和"禁卖子为奴"等封建恶例；严禁吸食鸦片，规定"禁酒及一切生熟黄烟鸦片"，对鸦片"走私者杀无赦"；提倡兴办新式学校、医院和慈善机构；提倡"文以纪实"、"言贵从心"的学风文风。

太平天国运动

111

（4）外交方面

洪仁玕主张实行独立、平等、互相贸易的外交政策，提出了"柔远人之法"和"与番人并雄之法"。基本内容是：反对闭关自守，严禁鸦片贸易，与欧美国家建立正常通商关系。准许外国人与中国通商，不准其"擅入旱地"，准许传教士及有技术的外国人到中国内地传教，教授技艺，为中国献策。同时，又指出必须独立自主，外国人来华只准他们"为国献策，不得毁谤国法"，即不准外国干涉中国内政。

4. 《资政新篇》的历史意义

《资政新篇》是中国近代第一个谋求发展资本主义经济的纲领性文献，其核心是仿效西方资本主义国家从政治、经济、文化各方面对中国进行"革故鼎新"的改革。在政治上，要把中国建立成一个带有法制与民主色彩的国家；在经济上，要通过建立、发展资本主义性质的近代企业以求富强。《资政新篇》集中反映了当时先进的中国人向西方寻找真理和探索救国救民道路的迫切愿望。但因太平天国内部缺乏必要的主客观条件，《资政新篇》的进步主张，没有也不可能付诸实现。

起义与农民运动

四、天国悲剧——天京事变

（一）天京事变

1. 经过

1856 年 6 月，太平军解天京之围后，东王杨秀清见当时太平天国形势大好，权力欲望恶性膨胀，另有图谋，欲夺取洪秀全的宝座。

洪秀全和杨秀清的矛盾，要追溯到杨秀清在平在山假托天父下凡取得凌驾于洪秀全之上的权力的时候。杨秀清首次假托天父下凡"传言"是在 1848 年，他宣称"天父"上帝下凡附在自己身上，通过自己"传言"，安定会众，聚拢人心。不久，萧朝贵也自称"天兄"（耶稣基督）附在自己身上显灵，宣传"真道"，发布号令。杨秀清、萧朝贵的假托天父、天兄降托，是一种叫作"隆童"的巫术。当时兰州民间，常有巫觋专干这项营生。这种巫术，说是神灵附在巫觋的身上，作为神与人的媒介。这种人会预言，能治病和解答难题，乃是交感巫术的一种。从此，上帝教渗有巫术在内，并且成为重要组成部分。这种做法

太平天国运动

在当时团结了会众，巩固了队伍，也极大地提高了杨、萧的地位，但留下了日后杨秀清与洪秀全矛盾冲突的隐患。

金田起义后，太平天国建国采取军师负责制，拥戴洪秀全即天王位，为国家元首，临朝不理政，封杨秀清为正军师，总理国务，实权由杨秀清执掌。杨秀清对太平天国运动的发展有突出的贡献。在初期，杨秀清借"天父"诏旨，宣布洪秀全"出一言是天命"，即要太平军将士无条件听从洪秀全的话，洪秀全的话是代表天说的。但定都天京以后，杨秀清居功自傲，威信上升，常目无天王。1853年12月，为了天王府有四个女子在雨雪中挖塘之事，杨秀清假借天父下凡，要杖责洪秀全。《贼情汇纂》载："秀全僻处深宫，从不出户，人罕识其面。他自知智慧不及杨秀清，一切军务皆委之，任其裁决。秀清自恃功高，朝见立而不跪，每诈称天父下凡附体，令秀全跪其前，甚至数其罪而杖责之，造言既毕，其为君臣如初。"

1856年8月中旬，东王称"天父下凡"，召天王洪秀全到东王府。"天父上身"的东王对天王说："你与东王皆为我子，东王有咁大功劳，何止称九千岁？"洪秀全说："东王打江山，亦当是万岁。""天父"又问："东世子岂止千岁？"洪说："东王既称万岁，世子亦当是万岁，且世代皆万岁。""天父"大喜说："我回天矣。"这就等于要洪秀全让位。洪秀全岂肯拱手让位。他当面欣然同意杨秀清的要求，并说在杨秀清生日（阴历八月二十五日）那天正式举行封典。

正在这时，佐天侯陈承瑢向天王告密，谓东王有弑君篡位之企图，天王密诏北王韦昌辉、翼王石达开及燕王铲除东王。9月1日，北王韦昌辉率三千精兵赶回天京，当夜在城外与燕王秦日纲会合，陈承瑢开城门接应。众军在2日凌晨突袭东王府，杀死尚在睡觉的杨秀清，东王府内数千男女被杀尽。由于东王长时间位高权重，部属亲随众多。北王为不留后患，以搜捕"东党"为名，竟残忍地发动了一场骇人听闻的大屠杀。众多东王部属在弃械后被杀，平民也不能

幸免，随后血洗南京城，约两万人被屠杀。

9 月中旬，翼王石达开回到天京，责备北王滥杀之事。北王对翼王又起杀心，翼王连夜逃出城，北王将城内石达开的家属全部杀死。翼王从安庆起兵讨伐北王，求天王杀北王以谢天下。天王袒护北王，北王也积极备战。但翼王平息内乱是正义行为，代表了绝大多数太平军将士的愿望，在天京以外的太平军大多支持

翼王。北王越来越孤立，天王见人心不可违，终于答应下诏诛北王。北王不甘束手就擒，又率队围攻天王府，但最终败于效忠天王的将士及东王余众，北王及党羽、亲属二百人被处死，燕王秦日纲及陈承瑢不久亦被处死，石达开于 11 月底回天京主持政务，历时两个多月的天京事变告一段落。

后来，天王撤销了杨秀清的图谋篡位罪名，将杨之死忌定为"东王升天节"。

2. 影响

天京事变是太平天国兴亡的转折点。太平天国所宣传的天父、天兄，已无人再相信，当时太平军中的歌谣说"天父杀天兄，江山打不通，回转故乡做长工"，当时的文人也说"天父杀天兄，江山打不通。长毛非正主，依旧让咸丰"。太平军因信仰危机，人心涣散，纪律松弛，将士离心倾向严重。而由于杨秀清两万多精兵强将死于内讧，造成天国人才枯竭，战争形势由主动变为被动，西线湘军攻陷了武昌、汉阳，进犯九江。东线江南大营从丹阳一路反扑，再围天京。太平天国被迫从战略进攻转为战略防御。从此以后，太平天国就从兴隆昌盛转向衰败，以致灭亡。

（二）洪秀全重建太平天国领导核心

天京变乱后，太平天国出现了"朝中无人，国中无将"的危险局面。这时，洪秀全果断地提拔了一批朝气蓬勃的青年将领。1857 年 10 月，封蒙得恩为正掌率，封陈玉成为又正掌率，李秀成为副掌率。次年，又命陈玉成、李秀成、李世贤、韦志俊、蒙得恩分别为前后左右中军主将。他们临危受命，积极防御，

太
平
天
国
运
动

给中外反动势力以沉重打击，稳定了天京的局势，使太平天国革命事业一度出现了转机。1859 年，洪仁玕从香港辗转来到天京，被封为干王，总理全国政事。同年陈玉成被封为英王，李秀成被封为忠王，二人是太平天国后期重要的将领。太平天国后期的三人领导核心形成了。

陈玉成（1837—1862 年），原名丕成，广西藤县人，出身于贫苦农民家庭。少孤，14 岁跟着叔父陈承瑢参加金田起义。1854 年，他随西征军攻破武昌，因功升殿右三十检点。他治军严整，骁勇富谋略，善筑垒围攻，第二年，他随军再取武昌，被升为冬官正丞相。1856 年，镇江被困，陈玉成随燕王秦日纲支援，因内外音讯不通，即带壮士数人乘船舍死冲入镇江，与守将约定内外夹攻，遂大败清军，解镇江围，并与各友军共破江北、江南大营。1857 年，他率军在相城大败清军，同捻军会师，兵力扩大，被封为成天豫，任前军主将，和李秀成等同主军政，力挽危局。1858 年 9 月，他率军攻破浦口江北大营，11 月在三河以迂回包抄战术断敌退路，歼灭了湘军精锐部队李续宾部，稳定了长江上游战局。

1859 年，他被封为英王，东征苏州、常州，在江北连续打败清军胜保、张国梁，攻克扬州和浦口。1860 年，他救援天京，配合各路太平军打破江南大营。第二年，他率军西征至贵州（今黄冈），因为李秀成军误期，未能合取武昌，遂回师径援安庆，多次苦战失利。安庆失陷以后，陈玉成退守庐州，受严责革职。1862 年 5 月，清军进攻庐州，陈玉成转移到寿州（今安徽寿县），为叛徒苗沛霖诱捕，解送清营。胜保劝他投降，陈玉成坚贞不屈，凛然斥责说：

"尔本吾败将，何向吾作态"，"大丈夫死则死耳，何饶舌也"！6 月 4 日，陈玉成在河南延津慷慨就义，年仅 26 岁。

李秀成（1823—1864 年），广西藤县人，出身于贫苦农民家庭。1851 年，他参加太平军。1853 年，定都天京以后，杨秀清保举他为右四军帅，不久又被升任为后四监军。1856 年，与清军大战于高资、汤头，解镇江之围，大破清军江北、江南大营，被委为地官副丞相。1857 年 10 月，他被封为合天侯，"任副掌率之权，提兵符之令"，与陈玉成同掌兵符，提调军务。他曾请求洪秀全"仍重用于翼王，不用于安、福王"，遭到严斥并革除封爵。1858 年，与陈玉成等共

商解京围之策，并大破清军江北大营。第二年，被封为忠王。

1860 年夏，与干王洪仁玕共订"围魏救赵"之策，并亲率大军奔袭杭州，诱敌分兵，然后五路合击，再破江南大营，又乘胜先后攻占常州、苏州、嘉兴、松江

等地。不久，李秀成率领一支太平军攻到上海近邻。1861 年 1 月，他再次率军进攻上海。由于天京告急，6 月撤兵回救，久战无功而退；又北进江北，半途而返，损折精锐大半，军势大挫。1863 年，受任真忠军师，主持天京战守。湘军围城日急，他力主"让城别走"，洪秀全固执不从，遂致坐困。

1864 年，天京陷落，李秀成保护幼主突出重围后被俘。他写有长篇供词，阿谀颂扬曾国藩，乞怜偷生。在供状里，他还记述了太平天国的兴衰，并向曾国藩提出"招降十要"和"防鬼反为先"的建议。但在写完供状的当天，曾国藩就把他杀死了。

(三) 石达开远征

天京事变后，石达开奉诏回京辅政，他不计私怨，追击屠杀时只惩首恶，不咎部属，人心迅速安定下来，被军民尊为"义王"。当时军事形势是严峻的，武昌、汉阳陷落，曾被捣毁的江北、江南大营又由和春与德兴阿重建。但在石达开的部署下，太平军稳守要隘，伺机反攻，陈玉成、李秀成、杨辅清、石镇吉等后起之秀开始走上一线，独当一面，内讧造成的被动局面逐渐得到扭转。

但是，见石达开深得人心，天王心生疑忌，他吸取了杨秀清专权的教训，"专信同姓之重"，封大哥洪仁发为安王、二哥洪仁达为福王，让这两个无德无才之人掌握朝廷实权，明为辅助，实为监督石达开。洪仁发、洪仁达对石达开百般牵制，以致有阴谋陷害之意。

为了避免再次爆发内讧，1857 年 5 月下旬，石达开借到雨花台太平军驻地"讲道三天"的机会，离开了天京，前往安庆集结部队开始远征。此后，石达开

太平天国运动

虽仍保持太平天国翼王称号和通军主将身份，洪秀全方面也继续在官书、文件中列其职衔，多次劝其回京，但石达开坚持己见，不愿回头。石达开率部转战江西、浙江、福建、湖南，虽欲建立根据地，终因内外矛盾以失败告终，却牵制了大量清军，为太平军取得浦口大捷、二破江北大营、三河大捷等胜利创造了有利条件。

1859 年秋入广西，因流离辗转，处处受挫，在广西竟萌生隐居山林之念，大部分将士纷纷离他而去。1861 年 9 月，自桂南北上，决定进入四川这个天府之国，雄据一方。自此先后四进四川，终于在 1863 年 4 月兵不血刃渡过金沙江进入四川。5 月，太平军到达大渡河边紫打地（今石棉县安顺场），因降大雨，河水暴涨，被大渡河急流挡住去路，又受到清军和当地土司兵包围，几番突围失败，陷入绝境。

为求建立"生擒石达开"的奇功，四川总督骆秉章遣使劝降，石达开决心舍命以全三军，经双方谈判，由太平军自行遣散四千人，这些人大多得以逃生。剩余两千人保留武器，随石达开进入清营，石达开被押往成都后凌迟处死，清军背信弃义，两千将士全部战死。

起义与农民运动

五、太平天国后期的防御战

（一）再破江北大营

石达开出走后，太平天国当时在军事上面临的形势是十分严酷的。在天京附近，1857年，江南大营重建起来，江北大营也进行活动。继1857年底镇江、瓜洲失守之后，1858年夏，九江失守，天京形势越来越危急。洪秀全不得不提拔陈玉成、李秀成等一批青年将领，担任军事指挥工作。同年8月，陈玉成、李秀成等将领召开安徽枞阳大会，"各誓一心，订约会战"，制定了正确的作战方针，为再破江北大营以解京围奠定了基础。

1858年8月11日，陈玉成领太平军再克庐州，接着与李秀成部会师乌衣，众达数万，与江北大营清军相持。当时，江北大营统帅德兴阿拥有兵勇一万五千余人，择要分布，以浦口、江浦之间的陡冈、安定桥、小店（今永宁镇）一带为重点，分驻于西至江浦石碛桥（今桥林）、高旺，东至瓜洲、三汊河，北至来安、施官集的广大地区内，绵延二百余里；长江内则有水师巡船往来游弋，以资接应。然而，清军的这种分散部署，正好给了太平军以各个击破的极好机会。

9月底，太平军大败清军进攻乌衣的部队，歼敌三四千人。继而乘胜向小店发起猛攻，击败由江南大营来援的总兵冯子材部五千人。陈玉成部于是冲破清军军营，直下浦口，在从九洑洲渡水前来的太平军配合下，再次大败敌军，并将浦口一带的清军营垒全部烧毁。清军见后路被袭，阵势大乱，纷纷夺路而逃。德兴阿逃往扬州。陈玉成部随即于29日占领江浦。至此，江北大营再次被摧毁，清军前后损兵万余人。清廷将德兴阿革职，并决定撤去江北大营建制，江北军务由江南大营统帅和春统一节制。太平军攻破江北大营之后，恢复了天京与江北的联系，保障了对天京的供

应。

（二）三河镇大捷

正在太平军破江北大营之时，湘军主力李续宾部自九江攻入安徽，连陷太湖、潜山、舒城、桐城，安庆外围据点都被湘军占领。1858 年 10 月，湘军又猛攻三河镇。

三河镇在庐州西南 50 里，既是庐州西南的重要屏障，又是太平军的粮草军火基地。陈玉成在江苏六合接到湘军大举东犯安徽的报告，毅然决定回兵救援，并向洪秀全报告，要求调派李秀成部前往会战。太平军各路大军十多万人很快齐汇三河，切断湘军的退路。

11 月 14 日，陈玉成首先发动攻击，次日湘军反攻，冲过三河附近的金牛镇。陈玉成抓住敌人冒险出击的有利时机，以少部兵力正面迎敌，吸引敌人，另以主力从湘军左侧抄其后路。陈玉成趁天有大雾，率军从敌人后面杀出，驻扎于白石山的李秀成部，闻金牛镇炮声不绝，立即赶往参战；驻守三河镇的吴定规也率部出镇合击湘军。太平军把湘军团团围往，李续宾部几乎全军覆没，李续宾和曾国藩弟弟曾国华被击毙。曾国藩在闻讯后"哀恸填膺，减食数日"，胡林翼也说"三河败溃之后，元气尽伤，四年纠合之精锐，覆于一旦，而且敢战之才，明达足智之士，亦凋丧殆尽"。太平军乘胜追击，收复太湖、潜山、舒城、桐城。

三河镇大捷，太平军一举歼灭湘军精锐近六千人，粉碎了湘军东犯的企图，保卫了皖中根据地，对鼓舞士气，稳定江北战局，保证天京安全和物资供应，都具有重大的战略意义。

（三）再破江南大营

三河镇大捷之后，太平天国既出现了新的希望，也存在不少困难，特别是天京仍处于江南大营清军的包围之下，总的形势依然相当严酷。江南大营于 1858 年初重建后，统帅和春设大营于沧

起义与农民运动

波、高桥两门之间。不久，强征数万民夫，于天京城外挖掘深阔各约丈余的长壕，绵亘百余里，经年始成。1860年1月底，李秀成离浦口后，江南大营清军水陆并进，攻陷了浦口沿江一带太平军垒卡二十余座，并于2月1日占领江浦和九洑洲，进一步围困天京。

此前，1859年4月，洪仁玕来到天京，洪秀全即封其为干王，总理朝政。陈玉成、李秀成也先后被封为王。为了摧垮江南大营，解除清军对天京的威胁，洪仁玕提出"围魏救赵"之计，即太平军攻击湖州、杭州，江南大营必派兵去救，那时再乘机迅速击之。

1860年3月，李秀成部直取杭州，一举入城，浙江巡抚罗遵殿自杀。咸丰帝深恐失掉浙江这个财赋之区，严令和春增调劲旅赴浙（后又命和春兼办浙江军务）。和春只得遵旨加拨援兵，急调一万多人，统归张玉良率领去援救杭州，江南大营空虚。李秀成见清军已到杭州，便留下旗帜作为疑兵，将

太平天国运动

主力悄悄撤走，迅速由浙西进入皖南，在安徽建平（今郎溪）各军将领会合。

4月底，各路太平军抵达天京外围，众达十余万人，在扫清清军外围据点后，随即准备总攻江南大营。总攻部署是：李世贤部自北门洪山、燕子矶，李秀成部自尧化门，刘官芳、陈坤书部自高桥门，杨辅清部自雨花台，陈玉成部自善桥方向，五路并进。天京城内的太平军则由城内出击，配合援军夹攻清军。5月2日，太平军向江南大营发起总攻，城内太平军也乘机杀出。5日，陈玉成首先突破天京西南的清军长壕，毁敌营五十余座。太平军内外会师，重围已解，士气更高，便连夜乘胜猛攻。清军军营四处火起，江南大营总部所在地小水关大营也被攻破，和春等率残部经石埠桥乘船逃往镇江。于是，重建后围困天京两年多的清军江南大营又被摧毁。再破江南大营，是太平天国战争史上最为"得意之笔"。

（四）太平军东征苏南与进攻上海

天京既解围，太平天国又制定了先东进、后西上的战略。陈玉成、李秀成

大军于 1860 年 5 月 15 日从天京出发东征，19 日攻克丹阳，歼灭江南大营残部约万人。之后，陈玉成奉命渡江夺取扬州，东征战事由李秀成部进行。

李秀成率太平军先后攻克常州、无锡、苏州和江阴，太平军即向上海进军。英国公使卜鲁斯、法国公使布尔布隆，于 5 月 26 日悍然宣布保护上海，阻止太平军的前进。建都天京之时，英、法、美三国公使就曾先后到天京访问，要挟太平天国承认他们与清政府订立的不平等条约，并以如不承认就要动干戈相威胁。太平天国坚决拒绝，并向他们庄严宣布对外政策："万国皆通商"，"害人之物为禁"，"通商者务要凛遵天令"。太平天国对于擅自闯进境内的外国兵舰，立即开炮射击，对于走私贸易的商船加以制裁，坚决维护国家主权。

此时，英、美等国为了阻止太平军攻占上海，由清朝苏松太道吴煦出面，委派华尔招募外国籍人组成"洋枪队"，驻松江，抵抗太平军的进攻。8 月，李秀成在青浦一战大破洋枪队，"杀死鬼兵六七百人"，华尔身中五枪，狼狈逃回上海。后因嘉兴方面战事告急，太平军撤退。在反侵略战争中，外国资本主义侵略者受到了太平天国军队的重大打击。李秀成自述原稿说："那时洋鬼并不敢与我见仗，战其即败。"李鸿章报告清政府说："嘉城复失，逆焰大张，西兵为贼众所慑，从此不敢出击贼。"

（五）安庆保卫战

太平军在取得二破江南大营之战的胜利后，安徽战场的形势不但没有得到改观，反而越来越严重。1860 年 8 月，曾国藩被任命为两江总督，并任钦差大

臣，督办江南军务，节制大江南北水陆各军，他率湘军乘太平军二破江南大营和东征苏常之机，大举东进围困安庆。

安庆是天京西部屏障，又是太平军粮饷的重要基地。太平天国守得住安庆，在军事上可以阻挡湘军东下进攻天京，在政治上可以保卫基层政权最巩固的安徽地区，在经济上可以保卫江南、江北产粮区的生产，使天京

起义与农民运动

得到源源不断的物资供应。1860年9月下旬，鉴于安庆已为湘军所困的局面，太平天国领导人决定再次采用"围魏救赵"之计，于是在东征告一段落之后，西上的战斗任务提上了日程。西上的目标是上取湖北，在战略上是力争上游，取得胜利，以粉碎湘军对安庆的围攻。

1860年冬，陈玉成统北路军，从皖北进蕲州、黄州，以李秀成统南路军，从皖南进江西，约定来年4月会师武昌，合取湖北。北路军在1861年3月进抵距武汉160里的黄州，省城防备空虚，身在安徽太湖的湖北巡抚胡林翼惊慌失措，说自己"笨人下棋，死不顾家"。北路军因英国出面阻挠和南路军未能按时赶到，便率主力折回安庆。南路军也于1861年4月底进入湖北，克复了大冶、鄂城、通城、通山、兴郭、咸宁、嘉鱼、蒲圻等州县。然而李秀成对攻鄂本来不甚积极，便于7月上旬率部撤出湖北，折入赣西北地区，然后去经营江浙。这样，太平军又一次失去了夺取武汉的机会，两路合取湖北的计划至此全部落空，以致不能牵动安庆围军。安庆守军因长期被困，粮弹将绝，只好搜食猪、狗、树叶、树皮，许多战士活活饿死。1861年9月5日，湘军轰塌安庆北门而入，守将叶芸来、吴定彩率军与敌肉搏，全部壮烈牺牲，安庆失陷。安庆保卫战是太平天国战争史上最惨烈的一次战役。安庆失守，太平天国革命形势急转直下。

北路军于安庆失陷后，陈玉成受到革职处分，坐守庐州，1862年5月放弃庐州北走寿州，被地主团练头子苗沛霖诱捕送往清军胜保大营，6月4日在河南延津遇害，年仅26岁。长江以北，失去了这一支大军的支持，太平军在皖北的防务瓦解，太平天国只能依靠李秀成等新开辟的苏浙根据地支撑危局，保卫天京便困难了。

（六）太平军的反侵略战争

李秀成的南路军于1861年9月从武汉东退，率大军又进入浙江，12月底攻克杭州，次年1月初，太平军再次进军上海。而此前，1861年8月，华尔在松江改组洋枪队，任用欧美人当军官，招骗中国人充当兵士，组成中外混合军。11月中旬，洋枪队发展到两千多人。当太平军进军上海的时候，洋枪队配合英法在上海的正规军、清军进行抵抗，太平军损失严重，向上海进军受挫。清政府赐给华尔官衔，称洋枪队为"常胜军"。中外反动军队保住上海以后，开始进攻嘉定、青浦、南桥等地的太平军。5月6日，英、法、俄侵略军及华尔洋枪队攻击青浦。12日晨，青浦城被攻破，守城的太平军全部惨遭杀害。同时，外国干涉军还侵占了太平军驻守的嘉定、奉贤等地，并大肆抢掠屠杀。

李秀成得知前线失利大怒，发出布告警告侵略者，要他们"各宜自爱，两不相扰"，"倘不遵我王化而转助逆为恶，相与我师抗敌，则是飞蛾扑火，自取灭亡"。他率领万余精骑，从苏州火速增援太仓，5月中旬，经过两天激战，敌军全线崩溃，摧毁清军三十余座营盘。与此相呼应，太平军又在奉贤南桥战役中击毙了法国干涉军司令卜罗德，太平军乘胜追击，再次攻克嘉定、清浦、南翔等要地，并活捉常胜军副统领法尔斯德，大长了中国人民的志气，灭了侵略者的威风。

正当李秀成在苏浙取得了一些胜利之时，湘军对天京的围困也愈来愈紧。1862年6月，李秀成遵命撤围回天京，在上海的清军和侵略军得到喘息之后，立即进行反扑。太平军留守部队在谭绍光的领导下，击退了敌人的进攻，并一度逼近上海近郊。8月，在浙江慈溪战斗中，太平军打死了恶贯满盈的"常胜军"头子华尔。

接任"常胜军"统领的是美国人白齐文。1863年3月，改由英国军官戈登为统领。戈登穷凶极恶，他与李鸿章淮军联合，对太平军发动反扑，从1863年5月起，陆续攻陷太仓、昆山、吴江，继而进犯苏州。由于中外反革命势力的联合进攻和李秀成率主力回援天京，致使苏浙战场转入防御，根据地日渐缩小。1863年12月因内部投敌叛变，苏州失陷。第二年3月，太平军从杭州突围北撤。这年上半年，浙江战场已经瓦解，太平军除一部分坚守湖州，大部分退入江西境内。太平军将士与外国侵略者的浴血搏斗，揭开了近代中国人民反帝反封建斗争的辉煌篇章。

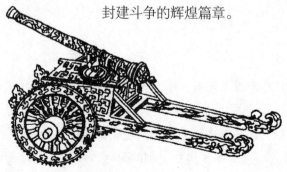

起义与农民运动

六、太平天国的失败

1861 年 11 月，清政府任命曾国藩节制苏、皖、浙、赣四省军队。安庆保卫战失败后，曾国藩吸取江南大营两次被击溃的教训，提出了"欲拔本根，先剪枝叶"的方略，从东西两个方向对天京实施多路向心进击。湘军主力曾国荃

部的陆军，彭玉麟部的水师，顺江东下，先后占领东西梁山、和州、巢县，于 1862 年 5 月底逼近天京。陆军驻扎雨花台，水师停泊护城河。而李鸿章则率淮军 6500 人分批船运上海，勾结英、法侵略军与"常胜军"阻挡太平军进攻上海，并作西攻苏州、无锡、常州的准备。浙江巡抚左宗棠率军万余由江西入浙，步步东逼。天京已处于湘、淮军的战略包围之中。

此时，陈玉成已在安徽寿州（今寿县）被苗沛霖诱执后殉难。因湘军威胁天京，洪秀全一日三下诏，急令在上海前线督战的李秀成回师救援，并派专使至苏州坐催，面责李秀成有独立称王之意。本来，洪秀全深深担心李秀成权力过大，难于驾驭，就在 1862 年一年内，先后分封李秀成部下陈坤书、童容海、谭绍光等十余人为王。这种做法虽然达到了分割李秀成指挥权的目的，但此例一开，封王之滥一发而不可收拾，到 1864 年竟封王两千多个。

6 月，李秀成在苏州召集紧急军事会议，商讨回救天京之策。其时湘军攻势正盛，李秀成提出避敌锐气，待其久围不下、斗志减弱之时再行决战的方针，抽调一部分军队，调运大量军火粮食支援天京，增强天京防御能力。同时，李秀成建议将苏福省粮食军火运回天京，广为积贮，用固守以制敌策，使敌顿兵坚城，待两年后，师老力疲，形见势绌，然后一举把它消灭。7 月，太平军在皖南宁国（今宣州）、广德一带作战失利，干王洪仁玕、辅王杨辅清即率两万官兵撤至江宁、淳化，回援天京。洪秀全见天京情况日紧，令李秀成立即全师回救。

8 月，李秀成再次在苏州召开高级军事会议，议定兵分三路，回援天京。

除留谭绍光守苏州外，"十三王"约二十万大军自苏州等地陆续起程，辅王杨辅清进攻皖南宁国，陈坤书等进攻长江南岸重镇金柱关。这两路的主要任务是阻击曾国荃的援兵。李秀成亲率主力于东坝集结，部署于东至方山、西至板桥地域，连营数百，对湘军雨花台大营形成反包围态势。

由于苏、浙太平军西调回天京作战，清军在外国侵略者的帮助下，乘机在东线向太平天国发动疯狂的进攻。在江苏方面，由英国军官戈登带领的常胜军协助李鸿章淮军以上海为基地，向苏州进攻。在浙江方面，以英国组织的常安军、定胜军，法国组织的常捷军协助左宗棠湘军向浙江进攻。这样，太平天国就陷于两面作战的泥坑之中。淮军已攻陷太仓州、昆山，进逼苏州。8月，左宗棠部湘军攻陷浙江富阳，进逼杭州。10月，苏州失陷。这时，天京已不可能再守。

10月13日，李秀成进攻天京城外雨花台湘军大营。李秀成将队伍分成两部，并亲率大军轮番猛攻湘军曾国荃大营及驻扎在大胜关一带的曾贞干部，太平军或挖地道，用炸药爆破敌垒；或捆草填壕，奋勇冲锋，企图一鼓而下。湘军则采取以逸待劳、缩营自保之策，凭借深沟高墙，固守不出，待太平军迫近，才发枪炮射击。两军对垒，战斗进入相持状态。23日，李世贤率军三万，从浙江衢州赶至天京南郊，协同李秀成大军并力攻击湘军大营。湘军则收缩战线，调曾贞干部四千人来大营加强防御。

11月3日，太平军集中力量攻湘军东路，轰塌湘军大营两处营墙。湘军拼命抵抗，太平军往返冲杀五六次，终不得入。太平军又用地道向敌进攻，湘军

以挖对挖，每挖通一处地道，或熏以毒烟，或灌以秽水，或以木桩堵洞口，使太平军的地道连连失效。湘军负隅顽抗，因其有长江水师的支持，粮饷、军械、援兵源源不断，而太平军不但军粮不足，而且时至初冬，尚无寒衣，长期坚持大兵团攻坚战有实际困难。11月26日，李秀成、李世贤围攻雨花台曾国荃军营月余不下，只得下令撤围。李世贤率部退秣陵关，李秀成率部入天京。至此，十三王回援天京的作战彻底失败。

起义与农民运动

天京解围战失败后，李秀成被"严责革爵"。洪秀全见解围未果，又定下"进北攻南"计划，决定再次采用1860年破江南大营的策略，责令李秀成率军北渡长江，绕过安庆，西袭湖北，以调动湘军分兵回援，缓解京围。1862年12月，第一批太平军数万人从天京下关渡江，进军皖北。1863年2月底，李秀成率第二批部队渡江，并于3月占浦口，4月占江浦。由于当时沿途各地已被敌人破坏得一片荒凉，粮食供应困难，加上处处受到阻截，队伍遭到严重损失。而曾国藩已识破太平军企图，令曾国荃坚守大营，不为所动，继续围困南京。

因天京形势紧急，洪秀全不得不再急令李秀成速回天京。6月20日，李秀成率部由九洑洲南渡抵京。"进北攻南"战略失败，李秀成损兵折将，锐气大伤，失去太平军将士数万人。从此以后，太平军就无力再组织大规模的进攻，不得不转入凭借城防工事的消极防御，而湘军则由原来的坚守顽抗转为疯狂进攻，相继进占南京周围的上方门、高桥门、双桥门、七桥瓮、江东桥等据点，以及外围的东坝、秣陵、湖熟、淳化等要地，天京城南百里之内已无太平军踪迹。

到1863年11月，清军已攻陷天京外围和长江以北所有城镇、要塞，外援断绝，天京肯定守不住了。李秀成向洪秀全提出"京城不能守，曾帅兵困甚严，壕深垒固，内少粮草，外救不来，让城别走"的建议。又说："不如舍天京，尽弃苏浙两省地，御驾亲征，直趋北方，据齐、豫、秦、晋上游之势以控东南。其地为妖兵水师所不能至，洋鬼势力所不能及，然后中原可图，天下可定也。"然而，洪秀全不愿战略退却，李秀成无奈，只好抱定与天京共存亡的决心，部署死守。

1864年2月，湘军攻占了紫金山西峰天堡城，随后进至太平、神策门外，完成对天京的合围。清军架设大炮百余尊，对天京城内日夜轰击，又以炮火为掩护，在朝阳、神策、金川各门外开挖地道十余处，准备用火药炸城。

1864年6月，洪秀全在愁病交迫中升天，幼主洪天贵福继位，此时天京城内只有三万人，除居民外，太平军不过万人，能守城战斗者不过三四千人。7月3日，湘军攻占位于太平门东侧紫金山西麓龙脖子的地堡城，太平军失去护城的最后一道屏障。湘军居高临下，整日炮轰，并加紧挖掘地道，埋炸药破城。19日，湘军炸塌城墙，蜂拥而入。守城的太平军与湘军展开寸土必争的巷战，或战死，或自焚，天京最终失守。

天京的陷落，标志着太平天国革命的失败。

太平天国坚持战斗十四年，势力发展到十八个省，攻克六百多个城镇，其规模之宏伟，历时之长久，影响之深远，是历史上任何一次农民战争所无可比拟的。太平天国发动了亿万群众，组织了强大的军队，建立了政权，颁行了革命纲领和政策，并且第一个提出在中国发展资本主义的方案，成为几千年来中国农民战争的最高峰。太平天国运动以暴风骤雨之势，极其沉重地打击了清政府的封建统治，对于外国侵略者也进行了英勇的抗击，同时担负起了反封建和反帝的重任，成为中国近代旧民主主义革命的第一次高潮。但由于农民阶级没有科学理论作指导，太平天国没能推翻清朝的统治，最后被中外反动派联合绞杀了。它的失败给人留下了深刻的教训。它的光辉业绩，激励着中国人民不屈不挠、再接再厉地进行英勇的斗争。

起义与农民运动

义和团运动

19 世纪末，中国面临被西方列强瓜分豆剖的险峻形势，随着帝国主义势力，尤其是西方教会势力在华渗透和侵略的不断扩大，义和团逐渐发展成为具有明确反对帝国主义性质的群众性组织，其规模和影响也不断扩大，在国内和国际均产生巨大震动和影响，成为中国近代历史上一次举足轻重的事件。

一、义和团运动爆发的背景

义和团，又称义和拳、义和团事件、庚子事变，原本是山东、直隶、河南、江苏一带主张反清复明的民间秘密组织。19世纪末在中国面临被西方列强瓜分豆剖的险峻形势下，随着帝国主义势力，尤其是西方教会势力在华渗透的不断加深，义和团逐渐发展成为具有明确反帝国主义性质的群众组织，其规模和影响也不断扩大，一场轰轰烈烈的反帝爱国运动迅速兴起，进而演变成席卷中国华北、东北等地的一场以广大农民、手工业者等基层群众为主体的反帝爱国运动。这场运动规模浩大，持续时间较长，在国内和国际均产生巨大震动和影响，

是中国近代历史上一次重大的历史事件。

瓜分豆剖，民族危机加深。1894年甲午中日战争后，帝国主义侵略中国的步伐大大加快。俄、英等国争先恐后地抢夺在华特权，强租海港，划分"势力范围"，使中国面临着被瓜分的严重危机。

帝国主义加紧划分"势力范围"，进一步加深对中国的侵略使中国的民族危机日益严重，这激起下层群众的日益不满，小规模的反帝斗争不断出现，山东则是反帝斗争最为突出的地方，这是因为在甲午战争期间和战争以后，山东人民都直接遭受到帝国主义的侵略，民族矛盾比较尖锐。1895年初，两万日军从荣成的成山头登陆，一直攻掠到威海卫。日军侵占威海卫长达三年之久，随后又被英国强租。1897年德国强占胶州湾后，又将整个山东作为其势力范围。

教民冲突，教案频发。义和团运动的爆发，与西方宗教势力，尤其是基督教在中国内地的传播所导致的不同质文化的对立，即由基督教势力的侵略和剥削所引发的教民和普通中国民众的冲突有直接的关系。

与西方先进科学和技术同时进入中国的还有西方的文化、思想，尤其是宗教，在中国广泛传播西方文化、思想及宗教的传教士在中国享有的特权及其借此为所欲为的肆意欺压中国民众的行为激起了中国民众强烈的愤慨和反对，这是义和团反帝运动蓬勃兴起的另一个重要原因。基督教在中国的传播最早可以追溯到唐朝，那时百姓并不把

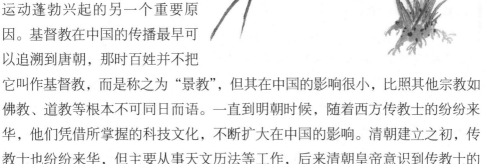

它叫作基督教，而是称之为"景教"，但其在中国的影响很小，比照其他宗教如佛教、道教等根本不可同日而语。一直到明朝时候，随着西方传教士的纷纷来华，他们凭借所掌握的科技文化，不断扩大在中国的影响。清朝建立之初，传教士也纷纷来华，但主要从事天文历法等工作，后来清朝皇帝意识到传教士的影响不利于中国的统治，遂加以禁绝。

自鸦片战争后，西方国家用坚船利炮打开了中国的大门，西方传教士在传教活动中，不断强化入侵者的政治特权，欺压挟制官府，非法干涉政务；侵占房产土地，盘剥中国民众，如仅在四川西部，教会就占有良田三十万亩，19世纪末天主教在华地产价值高达三千七百万法郎。由于土地房产的被侵占，中国相当一部分农民成为教会的佃农，受到教会的剥削和欺凌。此外，教会还庇护恶徒，制造教民对立；不尊重传统文化，这均引起了中国人民的强烈反对。

"洋务运动"后来华的天主教、基督教以及东正教传教士，到19世纪末已达三千二百余人，他们建立教区四十个，教会六十多个，在这支庞大的教会势力中，不乏为宗教献身的虔诚信徒，在介绍和传播外国先进技术、科学、文化等方面起到积极的作用，然而更多的是西方殖民国家的代表，他们在中国进行的传教活动带有明显的政治色彩和殖民色彩，他们利用其所拥有的特殊权利在中国肆意横行，甚至直接为西方列强的殖民扩张政策服务。

西方传教士在中国拥有的特权是其在中国肆意横行的基础所在，这些特权源于鸦片战争后西方列强强加于中国的一系列不平等条约，根据条约规定，来到中国的外国公民均享有领事裁判权，不受中国法律的管辖和制裁，而且持有"盖印执照"的传教士还享有内地置产权，他们可以进入通商口岸以外的中国内

义和团运动

地，可以在内地居住贸易，也可以购买土地或租赁土地，建造教堂及其他房舍。此外外国传教士和教民在中国也得到清政府的保护，1896 年 5 月清政府颁布的教案处办办法，就规定凡教堂被毁，对传教士和教民保护不力，由清政府赔偿教民的损失，而且将追究地方官吏的责任，形成事实上的外国政府拥有对教民的管辖权。凭借以上特权，外国传教士在中国设立教堂、传播宗教以及吸收教徒的活动中对中国人民实施了野蛮、不正当，甚至是暴力的行为。为了设立教堂，教会采用强租强占、盗买盗卖的方法，以极低的价格甚至是无偿地将百姓聚居多年的民房或会馆、公所、庵堂等重要场所抵作教堂，欺压中国人民；教会为了扩大其宗教事业和影响，或以物质利益，或以提供保护等方法和手段，极力扩充其教民数量，这使相当数量的市井无赖、流氓恶棍等混入教民队伍当中，而他们凭借教会的保护鱼肉乡里、无恶不作，教会对此不仅听之任之，甚至还利用其特权干涉中国官员对案件的审理，帮助不法教民赢得民教冲突的诉讼；此外教会中的部分教士还利用传教的机会推行其本国的殖民统治，对中国进行宗教侵略，为本国政府瓜分中国准备条件，甚至动用武力来开展传教活动。外国教会势力的猖狂、传教士的专横跋扈引起了中国社会各阶层强烈的愤恨和抵制，使民教冲突和民族矛盾、阶级矛盾异常严重和尖锐，中国广大乡民流离失所，饥寒交迫，最终于甲午中日战争后在帝国主义瓜分中国最激烈的地区——山东，发展成激进的义和团民变。

　　1840 年，在坚船利炮的掩护下，欧风美雨倾斜东来，给中国带来前所未有的冲击，中国紧闭的国门被打开，开始被动地纳入到西方世界体系之下，中国社会开始逐步沦为半殖民地半封建社会。随着外国侵略的不断扩大和日益加剧，中国人民和外国侵略者之间的矛盾成为中国社会的基本矛盾之一。虽然到 19 世纪末期，经过三十余年的"洋务运动"，西方一部分先进的科学文化及生产技术被引入中国，中国出现了一批自办的军事工业和民用工业，在客观上开阔了中国人的眼界，也为中国

培养了一批技术人才，在推动中国商品经济发展方面具有积极的促进作用，但中国民众长期处于封建主义的桎梏之下，长期的闭关锁国使他们对新生事物抱有抵触情绪，对于采矿、筑路、开设银行等事物短期内根本无法接受。更为重要的是，随着西方先进技术和设备以及新产品进入中国，只拥有落后生产工具的小生产者们从自身利益出发，认为耕织机器盛行必然导致大量民众失业，日出而作、日落而息、自给自足的传统生活方式将不复存在，这是广大民众所无法接受的。而且外国侵略势力在中国

夺占租借地，修建铁路、开设工厂、倾销洋货、内河航运等行为不仅破坏中国领土完整和主权独立，也使中国民众失去了很多田地、房屋，大量手工业者破产，人民生计受到严重的威胁。基于此，这一时期，中国社会的主体——农民对西方的看法开始发生变化，在保守排外的中国民众心中普遍出现了对西方在华侵略的憎恶感，抵触和反对情绪不断扩大。而在此前的近代中国发展历程中，"工厂冒烟、皇冠落地"仿佛都与农民没有关系，他们只不过是一群衣衫褴褛、麻木不仁的看客，仍按照传统的思维惯性认知西方，但随着西方殖民者对中国基层社会的侵入，农民主体意识增强，一直处在近代历史舞台幕后的农民突然与西方侵略相遇、接触，而且伴随着西方侵略和剥削的加强，这一时期中国民众对西方教会、侵略者的憎恶愈演愈烈，最后达到无以复加的程度，进而演化成对电灯、电话、火车等一切西方"奇技淫巧"事物的排斥，他们认为西方奇巧之物，"饥不可食，寒不可衣，应实力禁绝"。

天灾人祸，民不聊生。清政府为了支付赔款，大借外债，同时将债务转嫁给中国民众，增加苛捐杂税，人民生活负担日益加重，加上黄河连年决口，山东、直隶灾荒最为严重，各地教堂开始乘机进行高利贷盘剥，教民地主囤积居奇，哄抬粮价，最终激起民愤，导致 1899 年在山东爆发了大规模的具有反对帝国主义性质的义和团运动。

1896 年以来，清政府不仅要偿还《南京条约》到甲午战前的各项赔款，而且还要偿还新增的《马关条约》以及赎回辽东半岛的银两，其中《马关条约》就规定清政府要在三年内偿付对日赔款二万两，而当时清政府全年的财政收入

仅三千万两，后来又加上赎辽费八千余万两，根本无力筹划。面对清政府这一困境，西方各主要资本主义国家认为这是掠取特权的大好机会，便争相兜揽借款。在列强的争夺和逼迫下，清政府在甲午战争后三年多的时间里，先后三次向列强借款，数额巨大，除以上三次政治大借款外，清政府还有一些其他名目的借款。据初步统计，从1895年到1900年，清政府共向列强借款达4.51亿余两白银，约合当时年财政收入的五倍半。这些借款，加上原来的借款和利息，使清政府的财政负担日益加重，本来已经捉襟见肘、困顿不堪的财政更是入不敷出。为弥补巨额的财政亏空，清政府开始采取极端手段，对内采取卖官、变相增加税收等手段，从民间搜刮钱财，加剧了人民的痛苦。如清政府最主要的筹款方式就是"捐输"（捐官，实即卖官）或报效（实即强制富商出钱）筹款。甲午战后，清政府急于筹款，除增加旧税，如加征钱粮地丁银一两增加七分，漕米一两加银一钱，耗羡每两加一征收外，户部又拟出"核扣中外俸廉、裁汰各营兵勇、加抽土药厘税、提扣放款减平"等项办法进行筹款。此外，清朝统治阶级还采取了其他"筹款"办法，例如：各地土产加厘加税、增加当铺税银、折漕运、增设通商口岸"增加商税"以及广开捐官例（实即卖官）等。此外，在筹款过程中，在增加税收和买官卖官过程中，无论中央和地方官吏还乘机贪污，榨取农民的血汗。清朝统治阶级用尽搜括之能事，然而这些"方法"交各省地方督抚议行时，却遭到了各种阻力。加之"旱潦流行""颗粒无收"，人民困苦不堪，以致"哀鸿遍野"，因此在这些问题尤为集中的地区，民众开始纷纷组织起来，反抗清政府的统治。正因如此，义和团运动蓬蓬勃勃地开展起来。

起义与农民运动

二、义和团运动的兴起和发展

神助拳，义和团，只因鬼子闹中原。劝奉教，自信天，不敬神佛忘祖先。男无伦，女行奸，鬼子不是人所添。如不信，仔细观，鬼子眼珠都发蓝。天无雨，地焦干，全是教堂遮住天。神也怒，仙也烦，一同下山把道传。非是邪、非白莲，独念咒语说真言。升黄表，敬香烟，请来各洞众神仙。神出洞，仙下山，附着人体把拳玩。兵法艺，都学全，要平鬼子不费难。拆铁路，拔线杆，紧接毁坏火轮船。大法国，心胆寒，英美俄德尽萧然。洋鬼子，全平完，大清一统锦江山。

这是义和团运动中最广为流传的口号，正是在这一口号的指引下，义和团运动如火如荼地开展起来。

义和团原名义和拳，首先兴起于山东、直隶交界一带，最初主要由大刀会、红拳、梅花拳、义和拳、神拳等民间武术团体、结社和信奉白莲教的群众发展而来，他们以"保卫身家，防御盗贼"为号召，聚众设坛，练拳习武，并没有明确的斗争纲领，反洋教斗争也存在着明显的自发性、分散性和缺乏统一组织领导等特点。甲午战争后，随着帝国主义侵略扩大以及教会势力的横行，义和拳开始走上反帝斗争的道路，但斗争成果十分有限。随着反洋教斗争的深入发展，义和拳各组织开始联合成几支力量较强的队伍。1897年春，山东冠县梨园屯的天主教民在法国传教士支持下，与村民争夺玉皇庙庙基，结果引发双方的激烈冲突，梨园屯村民在阎书勤等人率领下拆毁教堂，驱逐教民，并邀请直鲁交界处直隶威县的梅花拳首领赵三多前来护庙。4月，赵三多率领拳众在梨园屯亮拳设厂，义和拳声势开始壮大。到1898年10月，阎书勤联合赵三多等，聚众烧毁红桃园教堂，占领梨园屯，进而在冠县蒋家庄（今属河北省威县）打出"助清灭洋"的旗帜，义和团队伍迅速发展到千余人，蔓延至临清、武城、邱县及直隶威县、曲周、南宫等十几个县。这一时期，规模较大的义和拳组织还有刘士端创立的活动于曹县、单县、菏泽、定陶、郓城等地的大刀会，朱红灯和心诚和尚率领的山东东昌府茌平、

义和团运动

135

平原、禹城一带的神拳以及以王庆一为首的直隶南部枣强县的义和拳组织等，他们焚毁教堂，处死洋人，打击教会势力，阻止修筑铁路，拆除租界界石，在反帝斗争中不断壮大，逐渐成为这一地区重要的反帝力量。义和团运动蓬勃发展起来，正如当时的民谣所记载的那样，"义和团，起山东，不到三月遍地红"，可见当时义和团运动发展的速度是相当快的。

义和团运动兴起后，清朝部分地方官员对之采取了较为慎重的态度，这主要是出于对洋教势力专横的不满以及对乡民反洋教斗争的同情，更是出于加强控制和利用义和团的目的。当然清政府在利用义和拳对抗教会力量、抵制教会势力过度膨胀的同时，也非常重视加强官府对义和拳的控制，以防止出现更大规模的反教会斗争，引起列强的不满和干涉。1898年6月后，李秉衡、张汝梅、毓贤等山东巡抚认为"际此时艰日亟，当以固结民心为要图"，建议"化私会为公举，改拳勇为民团"，"将拳民列诸乡团之内，听其自卫身家，守望相助"，对义和拳采取剿抚兼施、先抚后剿、以弹压劝导为主的政策。

这一时期清中央政府对义和团的政策主张主要是"善为安抚"政策，以达到"收为干城之用"的目的，这主要是因为戊戌政变后，西太后对得到国外支持的维新是十分敌视的，她对康、梁和光绪皇帝余恨未消，悬赏十万金捉拿康、梁，下令在广东捕杀二人的亲族，掘了二人的祖坟，又派人到海外去行刺。当她得知康、梁等人受英、日等国庇护，得以出逃，并在国外继续从事保皇活动时，恨得摔碎手中的玉壶，发誓"此仇必报"。慈禧虽然囚禁了光绪帝，并对他施加虐待，但总觉得留着他对自己威胁太大，时刻想把光绪除掉。训政不久，宫中即传出皇帝病重的消息，英、日等国驻华公使马上表示关切，不断向总理

衙门询问皇帝的情况，还派出法国医生入宫诊视，结果医生宣布皇帝没病，使慈禧无法对光绪帝下手谋害。谋害既不成，慈禧决定将光绪的皇位废掉，但这同样遭到国内外的反对。面对这一形势，荣禄给慈禧太后出了个主意："择宗社近支子，建立阿哥""育之宫中，徐篡大统。""大阿哥"即太子，清朝没有立太子的制度，但慈禧也顾不得这个，立即表示同意。1900年1月14日，清廷以光绪帝名义颁诏，称其不能诞育子嗣，立端王载漪子溥儁为大阿哥，准备将来继统当皇帝。这

一诏书颁布之后，国内舆论哗然，上海绅商各界和维新人士联名通电反对，上海电报局总办经元善等一千二百余人联名上书反对，慈禧下令将经元善捉拿治罪，经元善在英国的帮助下逃往香港。各国公使提出警告，拒绝入贺，废主计划被迫搁置，这使慈禧太后更加气恼。这一系列事件，使慈禧感到真正对她权力地位构成威胁的是外国的干预，她对外国的火气越来越大，报仇之心也越来越切。在此基础上，以慈禧太后为首的守旧派出于对西方科技知识，尤其是武器的无知，相信拳民的所谓"法术"，认为他们能"避火器"，刀枪不入，能实现"扶清灭洋"这一壮举。正因如此，1900 年 1 月 11 日，清政府发布"上谕"，对义和团采取赞赏态度。"上谕"说："若安分良民，或习技艺以自卫身家，或联村众以互保闾里，是乃守望相助之义。地方官遇案不加分别，误听谣言，概目为会匪，株连滥杀，以致良莠不分，民心惶惑"，要求地方今后"办理此等案件，只问其为匪与否，肇衅与否，不论其会不会，教不教也"。4 月 17 日，清政府再次明谕："各省乡民设团自卫，保护身家，本古人守望相助之谊，果能安分守法，原可听其自便。"这在一定程度上承认了义和团反帝运动的合法性，在客观上促进了义和团运动的进一步发展。

清政府对待义和团的态度和政策引起西方列强的强烈不满，他们纷纷给清政府施加压力，清政府遂撤换毓贤，派工部右侍郎袁世凯处理义和团问题。袁世凯署理山东巡抚后，对义和团运动采取剿杀政策，他利用手中掌控的新式陆军，对练拳或赞成拳厂者杀无赦，而且他还责令地方军"若匪至不痛击，则将领以下概正法"。1899 年 12 月 25 日，他亲自统率装备精良的七千名武卫右军到达济南"绥靖地方""清除匪类"，对义和团实行严厉的"分布队伍逐处弹压"。在袁世凯的强力打压下，到 1900 年 5 月，义和团在山东的发展遭到极大限制和破坏，"各种拳厂，均已撤闭"，或"潜匿僻壤，私相演授"，或转向直隶地区进行斗争。山东义和团进入直隶地区后，迅速与当地团民联合在一起，队伍进一步壮大，开始分成东西两路，经大运河和芦汉铁路向京、津地区发展。

京津地区是清王朝的京畿之地，这里的帝国主义侵略势力也非常强大，两千多所教堂遍布全省，由于当地人民长期受到教会的欺压，反抗的情绪也十分高涨，1900 年 5 月 12 日，涞水、定兴、新城、涿州、易县等地团民焚毁高洛

义和团运动

137

村教堂，当场处死未跑掉的传教士，次日又到定兴县仓巨村烧毁教民房屋十数家，并大败前来镇压的清军，义和团士气大振。同月 27 日，义和团数千人乘胜攻占北京南面的重镇——位于铁路线上的涿州，在城门上树起"兴清灭洋"旗帜。为了阻挡清军前来镇压，义和团将涿州至长辛店的铁路、车站、桥梁、电杆尽行焚毁，占领丰台车站后直逼北京并陆续进入北京城。此后义和团继续进发，向东到达天津，在新城县的板家窝和白沟镇逐渐聚集。新城人张德成在静海县的独流镇统率义和团众达两万多人，静海县曹福田为首的义和团团民也有数千人之多，京津地区迅速成为义和团斗争的中心地区，"旬日之间，神坛林立""日以焚教堂、杀洋人为事"，大有燎原之势。

义和团在京津地区的迅速发展引起清政府和西方列强的极大震动。1900 年 5 月 28 日，列强以保护使馆为名，宣布派遣"卫队"进驻北京使馆，并无视清政府的多方劝阻，于 6 月初集结四百余名外国官兵携带机关炮等新式武器强行进入北京，外国军舰也继续在大沽口外集结，准备派更多军队进入北京。面对义和团以及外国侵略军的双重威胁，清政府十分恐慌，在"拳会蔓延，诛不胜诛"的情况下，清政府权衡利弊，从利用义和团对付外国侵略者的目的出发，试图通过和平解散义和团的办法缓解局势，遂开始调整其对义和团的镇压政策为主抚政策。6 月 3 日，慈禧太后谕令各州县官"亲历各乡谆切劝导"义和团解散，"不可操切从事""毋得轻伤民命"，6 日又加派军机大臣刚毅前往涿州劝导义和团解散。刚毅到涿州后要求义和团"赶紧撤队，各散归农"，并命令清

起义与农民运动

军停止对义和团的镇压，各地方官员也随之相继停止了对义和团的镇压。6月中旬，在西方列强对北京加大军事威胁下，清政府主抚义和团的政策更趋明朗，暂时承认了义和团的合法地位，义和团团民得以大批进入北京，北京城内的贫民、

手工业者甚至部分清军官兵、中小地主也加入义和团，到6月下旬，京城内外的义和团团民已逾三万人，他们打击媚"洋"官吏，禁止洋货买卖，包围东交民巷使馆区和教堂，在京津各处遍张揭帖，要求外国侵略者滚出中国，逐步确定了"扶清灭洋"的行动纲领。

义和团运动在北京、天津地区的蓬勃发展极大鼓舞了其他地区民众的反帝士气，全国上下在短短数月内迅速掀起反帝斗争的高潮。在东北，到1900年6月，营口、锦州、盛京（今沈阳）、旅顺等地也出现了义和团组织，吉林、黑龙江等地的义和团也相继出现，并提出"保国灭洋"的号召，将斗争的矛头直指教会和中东铁路。与此同时，内蒙东部的昭乌达盟和哲里木盟以及中部集宁和托克托等地各旗也出现义和团的斗争，他们提出"上打洋人下打官"的口号，烧毁教堂，惩罚教士，散布义和团揭帖。山西省的义和团运动以太原为中心，遍及11州、6厅、40余县，排外情绪狂热。河南义和团和当地的大刀会联合开展反洋教斗争，到1900年9月，捣毁全省四分之三的教堂。南方各省以及西北、西南广大地区群众性反帝斗争浪潮也相继出现并不断扩大，义和团运动在全国范围内轰轰烈烈地开展起来。

但在全国范围内广泛开展的义和团运动仍旧没有形成统一的组织，他们在各地的斗争实践中提出"兴华灭洋""顺清灭洋""助清灭洋""保清灭洋""扶清灭洋"等多种口号，这些口号虽然表达方式不尽相同，但都达成了"灭洋"的共识，这深切反映出当时中国社会主要矛盾的变化，即帝国主义对中国的侵略所造成的与中华民族之间的民族矛盾成为主要矛盾，中国内部封建统治阶级和人民大众之间的矛盾暂时降到次要和从属的地位，集中力量反抗外国侵华势力、打击教会是义和团起义队伍斗争矛头的主要指向，他们反对教会"祸乱中华"，要"保护中原，驱逐洋寇"，明确表示出其反帝爱国的立场和性质。

三、八国联军入侵北京

义和团运动发展到高潮时，浩大的声势和影响引起帝国主义的恐惧和仇恨，在清政府剿灭不利的情况下，西方列强决定组织联军，发动侵略中国的战争。

面对风起云涌的义和团运动，尤其是义和团提出"扶清灭洋"的口号、将矛头直接指向西方殖民者后，西方各国十分紧张，各国驻华公使纷纷行动起来，他们一面向清政府施加压力，要求清廷发布镇压义和团的谕旨，通过清政府的努力，镇压义和团运动，制止"拳匪之乱"；一面报告本国，要求派军舰到大沽口示威，派卫队到北京保护使馆，一定要迫使清政府屈服。德国公使在北京外交团的会议上甚至大叫"瓜分中国的时机已到"。1900年4月6日，美、英、法、德四国驻华公使奉本国政府密令，向清政府发出联合照会，限令清政府在两个月内将义和团镇压下去，否则将直接出兵"代为剿平"，同时派军舰前往大沽口，施以军事压力。5月28日，义和团焚毁丰台火车站的消息和京津铁路路轨被拆除的传言，使公使们感到形势严重恶化，各国驻华公使议定以保护使馆为名，调兵进入北京。29日，驶抵大沽口外的各国舰队先后接到要求进京的电报，迅速派出了海军陆战队，由海河乘船到达天津。

5月31日，英、美、法、俄、日、意等国水兵336人强行进入北京使馆区。6月2日，德、奥水兵80人也援例进京保护使馆。6月4日，义和团为了阻止洋兵进京，拆除了部分京津铁路路轨，烧了黄村车站，割了京津电报线。各国公使害怕被困，接连开会研究对策，一致决定向北京增兵。

6月10日，俄、英、美、日、德、法、意、奥八国拼凑两千余人，在英国海军中将西摩尔和美国上校麦克卡拉率领下，共二千三百人，不顾清政府的反对，从天津分批乘火车向北京进犯。同日，此时已入京津的团民数

十万人以及清军董福祥部，奋起抗击八国联军的进犯，其他义和团众获悉洋兵赴京的消息，事先拆毁铁路、割断电线，并同清军一起袭击、拦截联军。6月14

日，八国联军的第一列火车从廊坊车站开出，第二列火车尚在加水，义和团三百多人就把联军包围在车站一带，对其发起进攻，杀伤敌人多人。18日，义和团在董福祥甘军的配合下，再度向据守廊坊车站的联军发动进攻，歼敌五十余名。19日，义和团又沿铁路紧追联军至杨村，歼敌四十余名。在义和团的层层阻击下，联军只好被迫向天津撤退。途中，联军又遭到义和团的伏击，团民多是青少年，他们手持大刀、长矛、木棍，迎着联军的机枪和大炮，一批又一批地发起冲锋，其勇敢的精神令敌人震惊。后来董福祥部清军也加入战斗。在廊坊、落垡、杨村，义和团沉重打击了联军的进犯。西摩尔联军无法前进，只得狼狈逃回天津，沿路又连续遭到阻击，直到26日才在沙俄援军的救助下逃回天津租界。义和团和清军在十多天里打死侵略军六十二人，打伤二百二十八人，粉碎了西方军队不可战胜的神话，事后西摩尔也不无余悸地说："义和团所用设为西式枪炮，则所率联军，必全军覆灭。"

与此同时，八国联军集结在大沽口外的舰艇已达三十余艘，他们开始向大沽口发起进犯。6月16日下午8时，俄军中尉巴赫麦吉耶夫向大沽炮台守将罗荣光发出最后通牒，限令30小时内交出炮台，遭到拒绝。联军遂于17日炮轰并占领了炮台。罗荣光指挥守军奋起还击，激战六个小时，打死打伤侵略军一百多人，击伤敌舰多艘，终因弹药告匮，又无援兵，大沽炮台失守。侵略军纷纷从大沽登陆，天津失去了屏障。

老龙头火车站（天津东站）是大沽通向津、京的交通枢纽，又是租界与外界联系的要地，有一千七百余名俄军驻守在这里。6月17日，盘踞站内的俄军四百余人四处挑衅，俄国海军中将基利杰勃兰特指挥各国军舰公然向大沽口炮台发动进攻，经过激战，联军占领了大沽炮台以及塘沽、北塘、新河一带，屠杀了许多当地居民，由此联军进入天津的通道被打开了。18日，又有两千余名俄军在车站附近的娘娘庙，用大炮轰击义和团。义和团首领曹福田率领数千名团民与清军合力向俄军发起反击，就势包围车站。双方激战十多个小时，俄军尸横遍野，死伤五百多人。

紫竹林租界是各国领事馆和洋行的所在地，是帝国主义在天津的大本营。大沽失陷时，帝国主义不断增兵紫竹林。6月，侵略军已增至两万人。6月15日以后，义和团不断与驻扎在租界中的联军发生冲突。张德成率领的"天下第一团"五千多人，从独流赶到天津参加战斗。6月20日，义和团在浮桥两端截击侵略军，打死侵略者三十多名，打伤七十余名。7月初，张德成设下埋伏，诱敌深入，与敌军激战五个多小时，歼灭偷袭的侵略军大部，又机智地驱赶几十头牛，大摆"火牛阵"，以数十头牛为前驱，将地雷踏毁，大队义和团随即冲入租界，杀伤了一些敌人，焚毁了三井、萨宝洋行，但义和团遭到敌军猛烈阻击，被迫撤出。

值得一提的是，清直隶提督聂士成受命率部与义和团共同保卫天津，并攻打住满了各国军人的租界，在天津进行了十分艰苦的保卫战斗，聂部英勇御敌，伤亡惨重，义和团团众的英勇反抗精神也给中国民众甚至是国外人士留下深刻印象。一个俄国记者记叙了他目睹的夜战场面："第一次齐射之后，我们都听到了刺耳的号叫声，只见红灯掉落了，溃散了，熄灭了。但是团民们仍然挥舞大刀长矛，高喊'义和拳！红灯照！'向车站前进。"清军和义和团给了八国联军以重大杀伤，自己也付出了惨重的牺牲。7月9日，一队日本骑兵从城南十五里的纪家庄，沿卫津河进攻八里台；另一支联军从紫竹林租界出发，向八里台猛攻。聂士成在腹背受敌的情况下，指挥部队奋勇杀敌。他身中七弹，仍然坚持战斗，"腹裂肠出"，最后以身殉职，聂士成的武卫前军随之溃散。义和团众也在裕禄、宋庆、马玉昆的率领下退回杨村，以运河东岸的杨村、汉口和黄

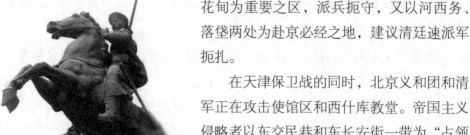

花甸为重要之区，派兵扼守，又以河西务、落垡两处为赴京必经之地，建议清廷速派军扼扎。

在天津保卫战的同时，北京义和团和清军正在攻击使馆区和西什库教堂。帝国主义侵略者以东交民巷和东长安街一带为"占领区"，使馆内侵略军寻衅杀害中国军民数百人。6月20日，义和团和清军五六千人围攻使馆，迫使侵略者不得不于23日从比、荷、

起义与农民运动

奥、意使馆撤出。从 6 月 20 日到 8 月 14 日，义和团和清军围攻东交民巷使馆的五十六天里，打死侵略者约一百余人。

6 月 15 日，义和团开始围攻西什库教堂。西什库教堂是直隶北部的天主教总堂，是北京最大的天主堂，也是全国最大的天主堂之一。

从 6 月 15 日到 8 月 16 日，义和团和清军围攻西什库教堂 62 天。由于赶来"帮打"的清军虎神营采取空炮伴攻的姿态，义和团蒙受惨重损失，义和团随即改变战术，用挖地道爆破的办法，炸得敌人胆战心惊。围攻期间，毙伤侵略军 23 人，但始终未能将教堂攻下。

中国军民奋起抗争的同时，清政府却展开了妥协求和的卖国活动。清廷的这一软弱之举大大助长了帝国主义的侵略气焰，他们为了消灭义和团，并迫使清政府彻底屈服，决定继续派兵进京；8 月 4 日，八国联军两万余人，由天津分两路沿运河向北京进犯。8 月 5 日，联军进抵北仓，义和团协同清军奋力阻截，几次打退敌人的进攻，歼敌数百名，但随着联军增援的不断到来，马玉昆率军先逃，北仓失守。6 日，联军进攻杨村，宋庆、马玉昆北逃通州，裕禄兵败自杀。此时的清政府和慈禧太后无心恋战，开始积极向八国求和，于 8 月 7 日正式任命李鸿章为议和全权代表，专门负责议和事项。在此基础上，慈禧太后禁止小南郊义和团继续进城，并把京城内外一部分义和团调往前线，在同八国联军抗衡过程中削弱了义和团的力量，加速了中国民众抗击列强侵略斗争的失败。8 月 9 日，李秉衡率军于杨村迎击敌人，一战即溃，李秉衡败走张家湾，愤而自尽。13 日，联军占领通州，直逼北京城下。俄军进攻东便门，日军攻打朝阳门、东直门，遇到义和团和甘军的顽强抵抗。英、法、美军进攻广渠门，武卫军和八旗兵溃逃，侵略军相继入城，北京于 14 日陷落。15 日晨，联军进攻皇城东华门。慈禧太后慌忙换上农妇的衣裳，带着光绪皇帝和亲信臣僚出德胜门仓皇西逃，经过山西太原逃往西安。8 月 14 日，北京被八国联军攻陷，慈禧太后带着光绪皇帝仓皇西逃。在逃亡途中，清廷对清军下达了"从严剿办"义和团的命令。此后，义和团运动在八国联军和清军的联合绞杀下彻底失败了。

义和团运动

八国联军入侵中国，对中国人民犯下了不可饶恕的罪行，这群暴徒所到之处，烧杀淫掠，无恶不作，对中国人民进行了最疯狂的大屠杀和最野蛮的大洗劫。原有五万多居民的塘沽被沙俄军队夷为平地，已无华人足迹。有万户人家的北塘居民，大半为俄军杀死或杀伤。在北京，侵略军将成群的中国人，逼到死胡同里，架起机枪连续扫射十几分钟，"直至不留一人为止"，北京城内血流成渠，侵略者不断抓来一批批百姓，逼迫他们掩埋尸体，之后，又将他们"尽行击毙，亦埋坑中"。7月14日天津陷落时，北门内外一带人民被侵略者杀死的甚多，城内被惨杀者处处皆是，"大街小巷逃难者，叫爹喊娘，呼兄唤弟，失儿丢女，其惨实难言状"。日本侵略军把炮架在北门城楼上，对准城内居民稠密地区轰击，死者无数。从城内鼓楼到北门外水阁长达几里的街上，到处都是英勇斗争的义和团战士和无辜百姓的尸体。沙俄侵略者仅在北塘一地就屠杀数以万计的人民，鲜血染红了卫津河（运河）。京津一带人民陷入血腥恐怖之中，就连帝国主义分子赫德也不得不承认，在侵略军的"占领区里，已成人间地狱"。

此外，侵略者所到之处，士兵每日携带枪械串行街巷，向各家勒索抢劫，稍不如意，即开枪射击。俄法两国军队抢去造币厂好几吨银子。"俄人所踞之地，被害特甚，抢掠焚杀，继以奸淫，居民逃避。"侵略军攻陷北京后，明令士兵公开抢劫三天。事实上直至撤出北京，西方列强的抢劫从未停止过，就连外国使馆人员和传教士也都参加了抢劫。法国主教抢去的珍宝财物约值百万两之

多。皇宫、颐和园、户部等处的金银珠宝、稀世文物，包括《永乐大典》等珍贵图书四万多册，均被抢去。还有不法教士、教民倘与谁家稍有嫌隙，即以控捕"团匪"为名，勾结侵略军大肆讹诈抢劫。英、美、日本军队侵入北京和德俄法等国军队一样，"亦接家按掠，俱皆囊满箱盈"，到无可搜刮时"却欲钓名沽誉"，装出保护的

姿态。沙俄除参加八国联军外，还派遣大量军队侵占中国东北，在东北制造了"海兰泡惨案"并且血洗了江东六十四屯。海兰泡原名孟家村，位于精奇里江与黑龙江的交汇处，和黑河镇隔江相望，1858年该地被沙俄占领。到1900年，海兰泡发展成有3.8万人口的城市，但其中五分之三仍是中国人，他们世世代代和平地居住在这里，从事经商和土木建筑业。7月15日，沙俄侵略军包围了该城，当晚便手持利器，闯进一户户中国居民家中，抢劫财物、殴打和杀害平民。以后的几天里，沙俄军队将数千中国人集中起来，强行驱赶到黑龙江边，然后驱动狂奔的战马，高举军刀和长斧，在手无寸铁的人群中东砍西劈，一时间悲声大作，断尸粉碎骨满目横陈，许多人被赶入二百多米宽咆哮奔腾的江水之中溺死，或被沙俄兵射杀。经过四天的大屠杀，六千多中国同胞饮恨身亡。江东六十四屯位于黑龙江左岸，历史上曾有六十四名中国百姓屯集于此生活，因此得名，1900年这里住有两千多户中国居民，共一万多人。沙俄军队于1900年7月侵略我黑龙江左岸的江东六十四屯，把二十八个屯的中国居民聚在一个大房子里，放火活活烧死，然后又强迫其余居民投江，在此后短短几天时间里，焚烧溺死者就高达七千多人。侵略者在江东六十四屯抢掠烧杀，并不许这些幸存的中国居民返回居住，否则格杀勿论。同时以护路为名于10月先后攻占瑷珲、哈尔滨、长春、营口、牛庄、奉天等地，妄图实现其"黄俄罗斯"的迷梦。沙俄军队在海兰泡和江东六十四屯用各种残酷手段杀害中国各族同胞三四万人。八国联军的残酷暴行罄竹难书。

义和团运动

145

四、清政府的两面政策

　　在对待义和团运动以及八国联军武装入侵问题上，清朝统治集团内部存在着严重分歧。以端王载漪、庄王载勋、辅国公载澜以及徐桐、刚毅等为首的顽固派大臣主张利用义和团抗击列强，这部分人出于对帝国主义的愤恨，期望通过这场轰轰烈烈的农民爱国运动，抵制列强的干预和控制，但这更多的是在自闭、对国际事务缺乏了解的基础上进行的判断，泄私愤显然在这个运动发展过程中占主要位置，这也是这部分人之所以在运动发展得不到控制、列强步步紧逼京师的时刻很容易转变态度的关键所在。此外，对迷信的尊崇、盲目相信地方战报、不进行实地调查也是这部分人对义和团托以国家命运的又一个重要因素。而光绪皇帝和地方督抚李鸿章、张之洞、刘坤一、袁世凯以及户部尚书立山、兵部尚书徐用仪、吏部尚书许景澄等人则主张全力镇压义和团，不给列强留有侵略借口，反对轻易开战和围攻使馆，尤其反对向列强同时宣战。这一部分人大多数成员都有直接与西方列强接触的经验，或者直接兴办洋务，或者在与西方各国交涉过程中与西方使节有过接触，他们的思想较为先进，代表了中国国内的进步阶层，能够审时度势，站在国家的高度，用国际视野去分析问题、解决问题，在对事物的判断上理性成分要远远大于主观成分。在这两种不同态度、不同认识水平的不同建议下，慈禧太后举棋不定，表现出在对待义和团运动以及八国联军入侵过程中的两面政策。

　　清政府这种两面政策早在义和团运动兴起时就有所表现。义和团运动兴起后，朝野上下很多大臣就以"固民心为要图"为由，要求慎重镇压义和团运动。尤其是西方列强反对慈禧太后试图立端王载漪的儿子为大阿哥以逐渐废黜光绪皇帝的计划，使得慈禧太后和载漪、刚毅等顽固派产生了利用义和团打击西方列强的想法。1900年1月，清政府发布上谕说，拳众"若安分良民，或习技艺以自卫身

起义与农民运动

146

家，或联村众以互保闾里，是乃守望相助之义。地方官遇案不加分别，误听谣言，概目为会匪，株连滥杀，以致良莠不分，民心惶惑"。因此要求地方官吏今后"办理此等案件，只问其为匪与否，肇衅与否，不论其会不会、教不教也"，承认了义和团的合法性。但另一方面，清政府又面对列强的外交和军事压力，不能不镇压群众的反教会斗争。

八国联军入侵后，慈禧仍以两面政策作为处理内外关系的准则。6 月 16 日，慈禧太后召开御前会议，再次宣布暂时停止镇压义和团，倘列强继续进兵，就不惜开战。与此同时，她又根据各国公使的要求，派荣禄的武卫军和董福祥的甘军严密保护使馆，幻想借此换取外国的息兵。18 日，慈禧太后看到载漪等关于列强要她归政于光绪帝的谎报，立即几次召集大臣议事，下令备战并死守大沽炮台（此时，尚不知炮台已失），同时要求劝阻联军北上，否则即宣战。20 日，大沽炮台失守消息传到宫内，慈禧太后不顾光绪皇帝等人的主和意见，得知侵略军已进犯大沽、天津、清军已与义和团合力抵抗之后，遂于 21 日正式宣战，同时命令清军与义和团"联络一气"，抵御外侮，同时下令围攻公使馆。义和团以及原来负保护使馆之责的甘军发起进攻，曾一度攻占和焚烧了比、奥、荷等国公使馆以及华俄道胜银行。次日，清政府正式发出"向各国宣战谕旨"。

慈禧"宣战"后，为了宣示与列强彻底决裂的态度，宣战后就将反战的立山、徐用仪、许景澄等人处死，以稳定军心。同时表达所谓的抵抗决心，西太后在宣战诏书中说："与其苟且图存，贻羞万古，孰若大张挞伐，一决雌雄。"虽然慈禧太后表现得比较坚决，但实际上，慈禧太后根本不敢也不想与侵略者"一决雌雄"，而只想"苟且图存"。所以在宣战后五天，西太后就向反对宣战的洋务派督抚大员李鸿章、刘坤一、张之洞求"谅朝廷万不得已之苦衷"，八天后又向帝国主义乞情求饶，给出使各国大臣的电报中说："朝廷非不欲将此种'乱民'下令痛剿，而肘腋之间，操之太蹙，深恐各使馆保护不及，激成大祸；亦恐直、东两省同时举事，……中国即不自量，亦何至与各国同时开衅，并何至恃'乱民'与各国开衅，此意当为各国所深谅……现仍严饬带兵官，照前保护使馆，惟力是视；此种'乱民'，设法相机自行惩办。"这正像事后西太后所自供的那样："我本来是执定不同洋人破脸的，中间一段时期，因洋人欺负得

义和团运动

147

太狠了，也不免有些动气……火气一过，我也就回转头来，处处都留着余地。"随着八国联军大举入侵，尤其是列强要其"归政"的传言未见证实，慈禧太后试图与各国和解，因此急令荣禄等人前往各国使馆"慰问"，表示立即停战求和。6月29日，她又给各国驻中国公使发出电报："中国即不自量，亦何至与各国同时开衅，并仍至恃乱民以与各国开衅"，并向帝国主义保证对"此种乱民，设法相机自行惩办"。清政府更是通电派驻各国公使，并希望各国公使向所在国政府解释清政府不得已宣战的苦衷，试着寻求西方各国的谅解，表示现在已照旧"保护使馆"不受攻击，并将惩办乱民。7月14日天津陷落，接着又得到"归政"照会出自伪造的消息，西太后迫切希望求得洋人的谅解，乃于22日，在教民与清军围攻使馆和西什库教堂时，慈禧还下令给使馆人员及教职人员送去粮食、水果及蔬菜，以示友好。正因如此，数万军民围攻使馆56天，围攻教堂63天，一直未能攻下。

基于清政府此种政策，刘坤一、张之洞等地方实力派掀起了东南互保运动。早在清廷激烈争论"和"与"战"、"抚"与"剿"之时，以两江总督刘坤一、湖广总督张之洞为代表的封疆大吏结成一个所谓"互保派"，他们和朝廷中的主和派遥相呼应，一意推行对内镇压、对外妥协、乞和的政策。他们公开抗拒清廷关于"宣战""招抚"的决定，私自同帝国主义列强结成所谓"保境安民"的"东南互保"。"东南互保"事实上是英国干预策划的产物，英国一向把长江流域作为其势力范围，当帝国主义发动侵华战争之时，英国一面在北方积极进军，一面致力于保持其在长江流域的优势地位，镇压南方人民的反抗斗争，防止其他帝国主义借机插足自己的地盘，因此策划东南督抚搞了这个所谓的"东南互保"。1900年6月14日，英国驻上海总领事华伦致电英国外交大臣，说明中国北方的情况已经恶化，南方的局面也严重，"扬子江流域内任何事件的爆发，是能够引起大的损失，而且可能蒙受相当生命的死亡"，建议英国"必须立刻与湖广及两江总督取得谅解"，给他们以"有效帮助""来维持和平"。外交大臣索尔兹伯里很快电复华伦，授权华伦同中国东南的督抚联系，尽快落实互保约定，以避免中国东南，也就是在英国的势力范围内发生义和

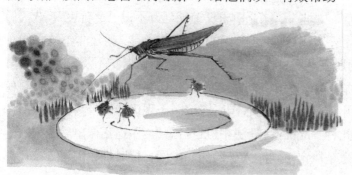

团运动，防止其他资本主义国家的借机渗透。刘坤一立即"极力说明"，他"愿意在长江一带维护和平，并且迫切需要英国方面的支持""只要英国方面帮助"，他"什么都肯做"。在英国的导演下，东南互保运动紧锣密鼓地开展起来。刘坤一、张之洞和盛宣怀等人和沪、宁、汉的英国领事、英籍税务司频频接触，商讨措施，由英国

保护长江流域的权益。曾经参与戊戌变法的维新官僚、实业家张謇、沈瑜庆、沈曾植、恽祖祁、陈三立等人，由于他们亲近英国集团，仇恨义和团的态度和刘、张一致，也因他们的资财汇集于长江流域，对于当地"秩序"特别关心，因而密集于刘坤一、张之洞的周围，东奔西跑，投身于东南互保活动。15日，英国驻上海总领事华伦被授权通知两江总督刘坤一、湖广总督张之洞，他们"将要受到帝国海军的援助"。同日，英国海军部命令增派兵舰到南京和汉口。英国出兵长江流域的目的，嘴上说是为了帮助中国保护吴淞和"弹压土匪"，但明眼人一看就知道这是借机造成武装占领的既成事实。6月26日，刘坤一、张之洞授权盛宣怀以及上海道台余联沅同各国领事签订了《东南互保约款》，规定：上海租界归各国共同保护，长江及苏杭内地归各督抚保护，各国兵舰不得擅入长江，且不可接近吴淞及长江各炮台。这一决定虽然表面上看是与"宣战"相抵触的，但实际却正迎合了清政府妥协的另一层面，这一政策出台后，清政府立即给予肯定。

随着八国联军的不断胜利，列强均想乘机扩大自己的在华权益，对清政府的求和根本未予理睬。此时，各国在大沽口登陆军队已达一万五千人以上，并继续增兵。义和团众齐集天津，并联合清军聂士成部对联军发动进攻，打响了天津保卫战。在侵略军的疯狂进攻下，曹福田率领的义和团众以及聂士成的清军终于不敌，7月14日，侵略军占领了天津城，设立"天津临时政府"（也称"督统衙门"），对天津实行殖民统治。俄国、比利时还强行在天津建立租界，日本、法国也乘机扩大了其在天津的租界。

随后，八国联军向北京进犯，8月14日，北京陷落，慈禧太后带着光绪皇帝仓皇逃往西安。慈禧太后在逃往西安的路上发布命令，要清朝官兵对义和团"严行查办，务净根株"，从此，清政府与帝国主义列强联合起来，共同镇压各地义和团，义和团运动最终失败。

五、《辛丑条约》的签订

清政府对外妥协、对内反动的性质决定着以慈禧太后为首的顽固派并不是要与帝国主义血战到底，看到义和团不断失利之后，即开始牺牲义和团，对义和团进行镇压，同时向西方列强示好，要求同列强进行谈判。正是在这一政策的指导下，早在北京陷落之前，李鸿章就被任命为全权议和大臣与各国谈判。8月24日，清廷发布上谕，允准李鸿章便宜行事，会同庆亲王奕劻共同办理"和局"。慈禧太后为谋求列强对她的"宽恕"，9月7日，发布"剿匪"上谕，正式宣布"痛剿"义和团。9月25日，慈禧太后又宣布惩处放任义和团的载漪、载勋、刚毅、赵舒翘等亲贵重臣，并加派亲英、日的刘坤一、张之洞参与谈判。

随着战局的结束，列强在华矛盾也马上显露出来。俄国出于要将中国东北占为己有的目的，故意摆出一副"友好"的姿态，承认李鸿章为清政府的议和全权代表，主张立即撤退各国在北京的占领军，开始议和。法国作为俄国的盟友，对俄国的提议在一定程度上表示接受。英国则反对俄国的主张，不承认李鸿章为议和代表，反对联军从北京撤兵。德国由于妄图进一步侵占烟台，控制山东，因此也反对立即撤兵及议和。日本因与俄国争夺中国东北有矛盾，支持英国的主张。美国乘机提出了《第二次门户开放宣言》，附和俄国的主张。结果，英、德、日向俄、美、法作了妥协，承认"皇太后（慈禧）为合例"，并接受李鸿章为议和代表，同意与清政府进行议和谈判。

1900年10月，议和谈判才正式开始。但与其他议和谈判所不同的是，这次谈判主要不是在帝国主义列强和清政府之间，而是在列强之间进行，在将近一年的谈判过程中，除了少数几次会议是各国代表与清政府全权大臣会见，听取他们对各国提出的要求和意见以外，绝大部分谈判都是在没有中国代表参加的情况下进行的。谈判各国都希望根据各自的利益加以协调，以为自己的进一步侵略创造条件。

侵入中国的各个帝国主义国家经过一番争吵之后，拿出了一个十二条的议和大纲。1900年12月24日，除了参加武装侵略中国的俄、英、美、日、德、法、意、奥八个国家以外，又加上比利时、西班牙和荷兰，向清政府共同提出"议和大纲十二条"，声称这些条件"无可更改"。这个"大纲"，基本上成为后来正式和约的主要

内容。李鸿章等将议和大纲的主要内容电告逃到西安的慈禧，这个大纲寄到西安之后，慈禧太后一拿起来就紧张地查看"惩办祸首"这一条，发现里面没有她的名字，她心里这才一块石头落了地。如获大赦，大喜过望的慈禧太后立刻颁布了《各国和议十二条大纲也已照允通谕天下旨》的"上谕"，其中说："今兹议约，不侵我之权，不割我土地，念列邦之见谅，疾愚暴之无知，事后追思，惭奄交集。"诏报奕劻、李鸿章马上准约，为了感激洋大人的"宽宏大量"，她马上表示"所有十二条大纲，应即照允"，同时还要"量中华之物力，结与国之欢心"，指令李鸿章等照这个议和大纲去订立和约。

此后，列强又在"惩凶"和"赔款"问题上进行了激烈的争吵，直到基本满足各国要求后，才通过了最后议定书，清政府对此表示全部接受。1901年9月7日，奕劻、李鸿章代表清政府，与俄、英、美、日、德、法、意、奥、比、西、荷11个国家公使在中外和约上签字。1901年是农历辛丑年，因此习惯上将这个丧权辱国的条约称作《辛丑条约》。除正约外，还有19个附件，主要内容是：

（一）清政府向各国赔款白银4亿5千万两，分39年还清，加上年息四厘，实际共达9亿8千2百多万两。各省地方赔款还有2千多万两。这项赔款史称为"庚子赔款"，列强按照所谓"损失"多少分赃，其中沙俄得款最多，有1亿3千多万两。"庚子赔款"是自鸦片战争以来最大的一次赔款，以海关税、常关税、盐税作为担保，各通商口岸50里以内的常关，也由海关总税务司管辖，从此，中国的关税和盐税都由帝国主义控制。这样，清政府的所有财政收入，除田赋外，几乎所有税收都由签约各国所控制，中国的财政经济命脉进一步为帝国主义所操纵。尽管如此，这些仍旧不足以应付如此巨大的赔款数额，于是清政府强迫各省每年共摊派2千万两，作为赔款之数，而各省官吏不仅将

这些沉重的负担统统转嫁到劳动人民和工商业者身上，而且还乘机加摊加派，肆无忌惮地盘剥、勒索以自肥，使中国人民更深地陷入被剥削被奴役的苦难深渊，中国社会经济遭到空前严重的破坏。

（二）《辛丑条约》第七款规定，在北京设立一个由各国自行管理的使馆区，各国有权在使馆区内驻扎军队，自行设防。同时规定，中国人一律不许在区内居住。整个使馆区占地约二百英亩（即东交民巷），地界内的所有公私住房均由各国使馆征用或强行拆毁。列强在使馆四周筑起高墙，设炮位、枪孔。墙内建了俄、美、法、德、英、日、意七国兵营，使馆内自设警察，中国军警一律不准穿越使馆区。在北京设立"使馆区"，中国人民不准在这个区域内居住，帝国主义各国则可以在这里驻兵，所谓"使馆区"实际上已经成为独立于中国司法及行政系统之外，不受中国政府管辖的"国中之国"，中国的主权遭到严重侵犯。

（三）大沽炮台以及从北京到大沽沿路的炮台"一律削平"，从北京到山海关铁路沿线山海关、秦皇岛、昌黎、滦州、唐山、塘沽、军粮城、天津、杨村、廊坊、黄村等十二个战略要地（列强在上述地区的驻兵权一直持续到抗日战争爆发）准许各国派兵驻守。《辛丑条约》的这些规定，使战略上十分重要的京津一带成为不设防地区，北京的大门向帝国主义国家彻底敞开。这些条款，不仅有损中国主权，而且极大地破坏了中国的国防力量。1902年7月，列强在交还天津时又与清政府约定，中国军队不准进入或驻扎天津周围20里以内，即使设在天津的直隶总督衙门的卫队人数也不得超过300名，这样，侵略者可以随时对清政府进行军事控制，直接镇压中国人民的反帝斗争。

（四）惩办在义和团运动中和帝国主义作对的"首祸诸臣"，最后被定罪96人，分别被判处死刑、终身监禁、革职抄家、永不叙用等刑罚；在外国人遇害受辱的城镇，停止文武各等官员考试五年；今后永远禁止中国人民成立或加入任何具有反帝性质的组织，"违者皆斩"。清朝地方管理所属境内如再有"违约行为"，必须立时弹压承办，否则"即行革职，永不叙用"。《辛丑条约》第一和第三款分别规定，清政府对德国公使克林德和日本使馆书记生松山彬被杀事件表示"惋惜"清政府专门委派醇亲王载沣和户部侍郎那桐赴德日两国

起义与农民运动

"致歉"。条约第十款规定，永远禁止建立仇视和反对帝国主义的组织，"违者皆斩"，各省文武官员所属境内"如复滋伤害诸国人民之事，或者有违约之行，必须立时弹压惩办，否则该管之员，即行革职，永不叙用，亦不得开脱，别给奖叙"。从此清政府更唯列强之命是从，成为列强镇压中国人民反帝斗争的有力工具。

（五）改总理衙门为外务部，"班列六部之前"，指定由皇族亲贵担任大臣，办理今后对帝国主义的交涉。《辛丑条约》第十二款规定，将总理各国事务衙门，"按照诸国规定，改为外务部，班列六部之前"，专办外交。列强之所以如此"提高"外务部的地位，无非是将其变为迅速贯彻各国旨意之机构。

《辛丑条约》是帝国主义强加给中国人民的又一副极为沉重的枷锁。帝国主义列强通过这个条约，从政治、经济、军事等方面对中国进行严酷的控制和勒索，使中国的主权丧失殆尽。《辛丑条约》的订立，使帝国主义勒索到巨额赔款，加剧了中国人民的贫困和社会经济的衰败。这笔巨额赔款，按当时中国人口计算，平均每人摊一两银子，是中国历史上最大的一次赔款，也是帝国主义对中国空前大规模的勒索，中国社会经济陷于崩溃的边缘，外债永无还清之日。中国的海关税、常关税和盐税全部被帝国主义控制，清政府除了田赋以外，几乎别无财政来源，因此也加紧搜刮人民，使广大劳动人民陷入苦难的深渊。帝国主义侵略军长期驻扎在中国的战略要地，严重破坏了中国的主权完整和国防安全。设置特殊性质的使馆区、以武力为后盾的公使团，成了清政府的太上皇，改变了清政府外交机构的地位和性质，使之更适合帝国主义向中国勒索、发号施令的需要和要求。禁止中国人民的反帝斗争，企图摧毁中国人民要求独立自由的民族民主运动，以达到永远奴役中国人民的目的。

这一条约还不同于以往的不平等条约。一方面，条约没有规定割让领土、开放口岸的条款；另一面，却进一步设立军事据点和占领区。它表明，这一时期帝国主义列强侵华具有新特点，标志着中国半殖民地半封建的统治秩序已经完全确定下来。

《辛丑条约》的签订标志着中国完全沦为半殖民地半封建国家，帝国主义

义和团运动

列强通过此条约在中国获得了更多的侵略权益，同时大大加强了列强在华的势力和影响，加强了其对中国社会政治、经济、军事的控制，使清政府彻底成为帝国主义侵华的便利工具。

《辛丑条约》签订后，慈禧太后以及其他逃亡人员看到西方列强的追究责任名单后，尤其是慈禧太后看到自己不在名单之列后，按列强旨意返京。1901年10月6日，她带着光绪帝及一班文武官员，由西安回銮，出潼关，越黄河，经洛阳，过开封，然后在正定改乘火车，于1902年1月7日回到了北京。而此时西方各国驻京公使一方面已经达成一致，逼迫清政府签订了《辛丑条约》，获得了巨大的侵略权益，各国的胃口已经基本得到满足，另一方面，经过义和团运动，西方各国已经改变对华政策，由原来的所谓"瓜分"政策转到《辛丑条约》后的"保全"政策，即保持清代满洲贵族的统治地位不变，在此基础上获得更大的侵略权益，并通过顺从的清王朝来达到实现其殖民统治的目的，因此，慈禧太后回到北京后，各国驻华公使马上表现出非比寻常的"友善"和"亲切"。西方列强的这一态度转变，更让西太后感激涕零，在召见各国公使时一再对义和团给各国使馆带来的"损害"表示歉意，并开始迎合西方列强的想法，在内政外交上积极加以改进，将"量中华之物力，结与国之欢心"发挥到了极致，这样，清廷成了洋人的朝廷。

在晚清随后的十年里，从中央到地方，统治集团的要员们无不将洋人奉若神明。一个帝国主义分子在描述《辛丑条约》签订后清政府与洋人的关系时写道："多少年来，我们在北京或中国的地位，从未像今天这样高。我们与清朝官员的联系也从未像今天这样密切……袁世凯多年来比任何其他官员和我们的联系更密切。他跟我们商议之频繁、请教之谦恭，是暴动（指义和团运动）前不曾有的。"由此可见，清政府同外国侵略者之间的关系已经到了水乳交融的程度，甚至在列强争夺在华势力范围发生冲突时，清政府也能对发生在自己国土之上的帝国主义战争（如日俄战争）保持"中立"，充分表明《辛丑条约》签订后的清政府已经成为为了保全自身统治、宁可出卖国家与民族利益的列强的驯服工具。

六、对义和团运动的评价

义和团运动虽然在帝国主义和封建势力的双重剿杀下最终以惨烈的失败而谢幕，但它有着不可磨灭的历史功绩。义和团团众用生命和热血铸就的反帝爱国壮举，在中国近代反侵略历史上写下了不可磨灭的篇章，沉重打击了帝国主义侵华势力，显示了中国人民抵抗侵略、不怕牺牲

的英雄气概和不可战胜的巨大力量，正是义和团对帝国主义的痛击，粉碎了帝国主义瓜分中国的迷梦，使得帝国主义对华政策由瓜分走向保全。

从根本上讲，19世纪末20世纪初，帝国主义出兵中国的目的是瓜分中国，在中国势力范围最大的英国和俄国尤其是这样。如前所述，英国企图通过"东南互保"独占长江流域，后来又阴谋策划张之洞两湖"独立"、李鸿章两广"独立"；俄国在参加八国联军，联合剿杀义和团运动的同时，还直接出兵中国东北，并试图将中国的新疆和蒙古囊括在自己的殖民统治之下；德、日、法也在积极谋取更多的侵略权益，其最终目标就是准备瓜分中国，而在义和团运动之前，帝国主义分子吹嘘只要有一万名现代化的军队就能够横行全中国。但是，义和团在同八国联军作战过程中的英勇无畏表现，使他们深刻认识到，中国无论怎样积贫积弱，毕竟有着五千年的文明历史，在这个漫长的历史时期，中华民族已经形成了牢不可破的民族凝聚力，尽管眼前的中国好似一盘散沙，但毕竟与小国不同，列强没有能力直接对这个国度彻底瓜分，直接进行殖民统治，这只会大大激起中国人民反抗的决心和意志，义和团运动十分清楚地证明了这一点。列强也深切知道，中国目前似沉睡的雄狮，要想让其继续酣睡，最好的办法就是不要过度加以刺激，而只能采取更为缓和的侵略措施，如同瓦德西在给德国皇帝的上书中，分析在中国实行保全主义政策的原因时指出的那样，"无论欧美日本各国，皆无此脑力与兵力可以统治此天下生灵四分之一也"，"故瓜分一事，实为下策"。总税务司赫德当时写了一篇《中国实测论》，说中国

人已经"大梦探觉，渐有'中国者中国人之中国也'之思想……自今以往，此种精神必更深入人心，弥漫全国"。鉴于这种分析，赫德也提出不宜瓜分，只能先维持现状，以免激起中国人更大的反抗，他认为"中国地土广阔，民气坚劲……吾故谓瓜分之说，不啻梦呓也"。美国基于其一贯的设想，更不同意马上瓜分中国，因此在 1900 年 7 月，当联军已经在天津作战时，就向各国发出关于"门户开放"的第二次照会，要求列强在华机会均等，反对一国独占。对此孙中山亦指出，"庚子、辛丑以后，中国人的脾气，被帝国主义者认识清楚了些。知道一味的强硬手段，还不济事；必须用些柔和方法，才能将爱和平讲礼貌的中国人压伏得住"。列宁也在 1900 年底写就《中国的战争》一文，明确肯定义和团是"中国的起义者"，并有力驳斥了八国联军侵略中国是什么"黄种人敌视白种人""中国人仇视欧洲文化和文明引起的"无耻谎言，明确指出："是的，中国人的确憎恶欧洲人，然而他们究竟憎恶哪一种欧洲人呢？并且为什么憎恶呢？中国人并不是憎恶欧洲人民，因为他们之间并无冲突，他们是憎恶欧洲资本家和唯资本家之命是从的欧洲各国政府。那些到中国来只是为了大发横财的人，那些利用自己的所谓文明来进行欺骗、掠夺和镇压的人，那些为了取得贩卖毒害人民的鸦片的权利而同中国作战，1856 年英法对华的战争的人，那些用传教的鬼话来掩盖掠夺政策的人，中国人难道能不痛恨他们吗？"孰是孰非，泾渭分明，人们还有什么理由一味指责义和团的"盲目性与落后性"，甚至将其斥之为"历史的倒退和反动"呢？

尽管义和团运动本身对帝国主义的反抗是正确的，但同时需要指出的是，限于阶级的局限性，义和团在反抗斗争过程中采取的一些方式、手段是落后的，比如谣言的传播往往成为联系会众、揭露西方侵略罪行的有力武器，这是不应该的。这一时期，谣言十分盛行。在义和团兴盛之初，为了使民众相信西方传教士的歹毒，一些荒诞的谣言不断出现并广为流传，如在人家门上洒血，可使得"逾七日阖家癫狂"；"剪黄纸人夜间放闾巷"，可使"亿兆华人悉被其戕"；以"黑

起义与农民运动

风口（以布皮为兽形咬人）"宵纵街市，可使"男妇长幼被咬溃烂渐至殒身"等等，而传扬的有效破法，对洒血可以"用石灰、人溺以涤之"；对"黄纸人"可以"于屋扉窗棂置水盂以破之（纸人见水即坠于内）"；对"黑风口"可以"示人各执皮鞭以御之"，或是将皮鞭"悬挂房院，伊亦畏避"。此外还有传言说洋人洋教方面惯用妇女经血、阴物和裸体施以"邪术"，如"教士以女血涂其屋瓦，并取女血盛以盂，埋之地，作镇物，故（义和团）咒不能灵"。当时还广泛流传的洋人为了制照相机、配药炼银，为了牟利，甚至不惜害人，挖人眼睛："一是可配置一种妙药，用以点铅成银，一百斤铅可出银八斤，其余九十二斤仍可卖回原价；二是可以用以制镜，将他和草药、胎丸配在一起捣成糊状，涂在玻璃上，便成了照人'眉目丝毫尽肖真'的绝好镜子。借此可获得重利；三是应用于制作电线；四是用于照相。"对此鲁迅在其文中亦有记载："我曾旁听过一位念佛的老太太说明理由：他们挖了去，熬了油，点了灯，向地下各处照去，人心总是贪财的，所以，照到埋着宝贝的地方，火头便弯下去了。他们当即掘开来，取了宝贝去，所以洋鬼子都这样的有钱。"我们现在觉得这是无稽之谈，但在当时反洋教论调中却十分盛行。

此外，义和团的反抗运动中还存在着极其浓重的迷信色彩。当时义和团的斗争中不可缺少的环节就是念咒降神，宗教迷信色彩极为浓厚。他们用画符、念咒、请神等落后的迷信方式使作为斗争手段的武术拳棒披上了迷信的色彩，在神秘的宗教仪式掩盖下，向世人展示自己的"神术"，并广为流传，不仅民众大都信服，而且清朝的决策阶层也深信不疑。自称能练成"神拳""刀枪不入"，以此增强对敌斗争的信念，巩固组织，利用宗教团结和组织群众，在旧式农民斗争中虽也屡见不鲜，但义和团又有所不同，义和团讲求"神术"，有关传闻特别盛行。如庚子年间居于北京的"仲芳氏"（其人字仲芳，姓名不详），在一篇文字中记载下"哄传"义和团的诸多"神术"：其"善用遁法，山岭城垣不能阻挡""无论相离千数百里，此处焚表呼唤，彼处立时便知，人亦顷刻而至，比电报尤速""有砂锅会，煮一锅之饭数十人食之不尽"，"能避敌人枪炮，团民用手一指，对阵枪炮即不过火，不能发声"，"刀枪炮弹不能伤身，枪炮子至身即落，皮肤毫无痕迹"，有"焚烧之法"，可指点火起，而且只烧欲烧之处，

义和团运动

"四面指画,火即不能延烧四邻",又有"御邪"之法,"令各家用红布缝作小口袋,内装朱砂、绿豆、茶叶等物,或钉门头上,或带身上"。有人仅对当年"联军进攻天津时",直隶易州一地盛传的异事就列举了下述多项:"独流镇一小儿,年十二岁,能跃丈余高。刘永福之妹是大仙姑,董福祥之妹是二仙姑,能用红头绳或红绒线拴上两个石碌碡,挑在一根谷草上飞跑。董福祥大帅会分身法,能同时出现于三处阵前,大破洋兵。官府验证豹泉社义和团时,河南来的和尚师父有法术,用油锅炸他,被他用隐身法走脱,官府却错炸了自己两个长随。裕总督蔡村自尽后显圣。"

此外,义和团众所请的"神""仙",五花八门,并没有统一的"神""仙"。关于这一点,在义和团运动的揭帖、咒语中可见一斑,如"天灵灵地灵灵,奉请祖师来显灵。一请唐僧猪八戒,二请沙僧孙悟空,三请二郎来显圣,四请马超黄汉升,五请济颠我佛祖,六请江湖柳树精,七请飞镖黄三太,八请前朝冷于冰……"这些"神""仙",大都是封建统治者可承认的,又或是封建统治者所推崇的历史人物以及神话小说中的角色。例如洪钧老祖、骊山老母、关公、张飞、孙悟空、猪八戒等等,这一方面充分表明其组织上的分散性,因为没有统一的组织,也就不会有统一的神;另一方面也反映了他们的斗争目标主要是帝国主义侵略者,是民族敌人,因而可以利用为统治者所承认的"正统"的"神","而不被视为"异端"。义和团的这种做法便于建立和扩大组织,使之得到迅速发展,不可否认的是,同时也为封建势力的混入提供了便利,结果造成了组织的不纯,不能有效防止地主阶级从内部进行破坏。

需要指出的是,虽然义和团在斗争中暴露上述弱点和局限,比如在思想上的混乱,信奉民间传说中的各种神灵,不加选择,不计种类,迷信神灵附体便可"刀枪不入";在组织上松散,缺乏严密的统一指挥;行动中也曾在"灭洋"

口号的鼓动下,出现烧教堂、拆铁路、毁电线等盲目举动,甚至接受清朝政府的"抚而用之",充当封建顽固派"盲目排外"的工具,但义和团运动在反帝过程中激情洋溢、不怕牺牲,不惧危险,表现出他们强烈的爱国激情和英雄气概。虽然也正是这种狂热性使他们在行动上往往丧失理智,肆意进行暴

起义与农民运动

力破坏，这些是有待商榷的，但有一点我们必须认识到，今天的我们不能苛求当时的义和团民众在反抗过程中有先进的理论指导，有先进的反抗手段和措施，在长期闭关自守、自给自足的中国大地上，朴实无华的中国农民用自己的爱国热情谱写了一曲反抗之歌，是鸦片战争以来民族觉醒的重要步骤之一，虽然在当时的历史条件下并没有也不可能找到正确的救国道路，但却显示了中国人民的力量和尊严，中国人民也从抗争失败中，进一步认识到帝国主义和清政府凶残、腐朽的本质，从而开始寻找并投身另一场新的革命运动中去，从这个意义上讲，义和团运动也是康梁领导的戊戌维新运动和孙中山领导的民主革命运动之间不可忽视的中间环节，诚如志在"排满"的革命党人章太炎指出的那样，"自亡清义和团之变，而革命党始兴"，义和团运动为辛亥革命的发生乃至共产主义在中国的传播奠定了广泛的民众基础。

　　总之，义和团运动的爆发是帝国主义以武力为后盾对中国政治、经济、文化实行残酷侵略的背景下，在中国面临瓜分豆剖、民族危机严重的情势下，中国社会最底层的普通民众出于民族大义，不怕牺牲，率先进行的一场反侵略的伟大爱国之举，他们在斗争过程中所表现的爱国主义、英勇反抗的精神是中华民族宝贵的精神财富，他们进行的斗争归根结底是正义的。